2020 年全国经济专业技术资格考试

中级经济师人力资源管理专业知识与实务最后冲刺 8 套题

参考答案及详细解析

中华会计网校 编

目 录

最后冲刺套题（一）参考答案及详细解析 …………………………………… 1

最后冲刺套题（二）参考答案及详细解析 …………………………………… 7

最后冲刺套题（三）参考答案及详细解析 …………………………………… 13

最后冲刺套题（四）参考答案及详细解析 …………………………………… 20

最后冲刺套题（五）参考答案及详细解析 …………………………………… 26

最后冲刺套题（六）参考答案及详细解析 …………………………………… 33

最后冲刺套题（七）参考答案及详细解析 …………………………………… 40

最后冲刺套题（八）参考答案及详细解析 …………………………………… 46

中级经济师人力资源管理专业知识与实务
最后冲刺8套题
参考答案及详细解析

最后冲刺套题(一)参考答案及详细解析

一、单项选择题

1. B 【解析】本题考查外源性动机的内容。外源性动机的员工更看重工作带来的报偿诸如工资、奖金、表扬、社会地位等。

2. C 【解析】本题考查期望理论。期望理论认为,动机(激励程度)取决于三种因素的共同作用:效价、期望和工具性。它们之间的关系是:效价×期望×工具性=动机。

3. A 【解析】本题考查目标管理的相关内容。选项B错误,实施目标管理时可以自上而下,也可以自下而上。选项C错误,目标管理包括四个要素。选项D错误,目标管理实施的效果有时候并不符合管理者的期望。

4. D 【解析】本题考查斯道格迪尔对领导风格的研究。斯道格迪尔对领导风格的研究,指出人格和情境都是决定领导的因素。

5. A 【解析】本题考查魅力型领导理论。魅力型领导者是指具有自信并且信任下属,对下属有高度的期望,有理想化的愿景和个性化风格的领导者。

6. C 【解析】本题考查决策过程。西蒙认为决策过程可以分为三个阶段,即智力活动、设计活动和选择活动。

7. A 【解析】本题考查组织设计概述。组织结构的特征因素是进行组织结构设计、对企业的组织结构进行比较和评价的基础。

8. D 【解析】本题考查组织设计的基本内容。古典的组织设计理论是静态的,只关注组织结构设计方面的研究。因此选D。

9. D 【解析】本题考查组织文化的四种类型。学院型组织喜欢雇用年轻的大学毕业生。所以选项D表述错误。

10. D 【解析】本题考查战略的层次。职能战略主要回答的是凭借什么来进行竞争的问题。

11. B 【解析】本题考查战略性人力资源管理的三大工具。人力资源管理计分卡是针对为实现组织战略目标所需完成的一系列人力资源管理活动链而设计的各种财务类和非财务类目标或衡量指标。

12. C 【解析】本题考查人力资源战略及其与战略的匹配。C选项属于创新战略的内容。

13. A 【解析】本题考查人力资源管理与战略规划。愿景是对组织未来发展方向的总体描述。使命描述一个组织存在的理由、目的和意义。价值观是在履行使命以及达成愿景过程中坚持的基本行为规范和道德伦理。本题中,选项A最符合题意。

14. D 【解析】本题考查马尔科夫分析法。马尔科夫分析法主要是利用转移矩阵的统计分析程序来进行人力资源供给预测。

15. B 【解析】本题考查人力资源供求平衡的方法分析。企业对于内部人员过剩作出的典型反应就是裁员，这种做法消除人力资源过剩的速度很快，但是会导致劳动者遭受很大的痛苦，不仅包括短期的痛苦，而且会造成长期创伤。

16. D 【解析】本题考查人力资源供求平衡的方法分析。选项A、B属于速度快、员工受伤害程度高的方法，选项C属于速度快、员工受伤害程度中等的方法。

17. B 【解析】本题考查信度。信度的高低是用信度系数来表述的。

18. A 【解析】本题考查无领导小组讨论。开放式问题的主要目的是考察被测试者思考问题的全面性和针对性，思路是否清晰，是否有新的观点和见解等。

19. A 【解析】本题考查履历分析。履历分析技术的一个最新发展是目标履历分析法。

20. C 【解析】本题考查目标管理法。如果企业战略在一定时期内相对稳定，就可以考虑使用目标管理的方法进行绩效考核。

21. C 【解析】本题考查绩效管理。绩效管理的主要目的是建立客观、简洁的绩效优化体系，实现组织与个人绩效的紧密融合，选项A错误。绩效考核是绩效管理的一个环节，选项B错误。绩效管理是管理者与员工持续开放的沟通，不是单向沟通，选项D错误。

22. B 【解析】本题考查绩效反馈面谈。绩效反馈面谈把重点放在解决问题上。

23. C 【解析】本题考查绩效改进。标杆超越的实质是组织的变革，通过学习同行业经验，改掉制约企业发展陋习、提升企业绩效的过程，选项A错误。卓越绩效标准通过描述卓越企业的管理信念和行为，改进组织的整体效率和能力，选项B错误。六西格玛管理通过减少企业业务流程中的偏差，使组织的绩效提升到更高的水平，选项D错误。

24. A 【解析】本题考查绩效反馈面谈的原则与技巧。绩效反馈面谈的原则与技巧之一是关注未来而不是过去，所以选A。

25. B 【解析】本题考查股票期权的激励对象。激励对象包括上市公司的董事、高级管理人员、核心技术(业务)人员(不能超过总员工的10%)，以及公司认为应当激励的其他员工，但不应当包括独立董事和监事。

26. D 【解析】本题考查股票期权的等待期。股票期权的等待期，即股票期权授予日与获授股票期权首次可以行权日之间间隔不得少于1年。

27. D 【解析】本题考查销售人员薪酬。对于一些技术含量较高，市场较为狭窄，销售周期较长的产品来说，其销售人员的素质及其稳定性要求都很高，因此采取"高基本薪酬+低佣金或奖金"的薪酬制度比较合适。

28. C 【解析】本题考查企业人工成本。人工成本结构指标是指人工成本各组成部分占人工成本总额的比例，它能够反映人工成本投入构成的情况与合理性。

29. C 【解析】本题考查培训与开发的决策分析。从投资的成本—收益角度分析，只有在B-S>C情况下，培训与开发才会提高组织的收益。

30. B 【解析】本题考查劳动关系概述。市场经济下的劳动者，是一种具有"从属性特点的雇佣劳动者"。从属性是劳动关系最主要的特点。

31. C 【解析】本题考查劳动关系的主体。利益协调型：以德国的劳动关系为典型代表。

32. C 【解析】本题考查员工申诉管理。明晰原则体现了要明确界定员工的申诉范围，避免员工将本可以通过正常管理渠道解决的问题也通过申诉方式提出。

33. B 【解析】本题考查职称制度。职称制度是专业技术人才评价和管理的基本制度，对于党和政府团结凝聚专业技术人才，激励专业技术人才职业发展，加强专业技术人才队伍建设具有重要意义。

34. D 【解析】本题考查人力资源的国际流动。外国高端人才(A类)无数量限制，外国专业人才(B类)根据市场需求限制，其他外国人员(C类)数量限制按国家有关规定执行。无D选项此类说法。

35. D 【解析】本题考查干部管理。特殊情况在提任前未达到培训要求的，应当在提任后1年内完成培训。

36. A 【解析】本题考查社会保险法的基本内容。在中国境内就业的外国人，对于依法获得在我国境内就业证件3个月后不能提供协议国出具的参保证明的，应按规定征收社会保险费并收取相应的滞纳金。

37. B 【解析】本题考查劳动力市场的特征。劳动力市场具有的特征包括：(1)劳动力市场的特殊性；(2)劳动力市场的多样性；(3)劳动力市场的不确定性；(4)劳动力市场交易对象的难以衡量性；(5)劳动力市场交易的延续性；(6)劳动力市场交易条件的复杂性；(7)劳动力出售者地位的不利性。

38. C 【解析】本题考查灰心丧气的劳动者效应。在经济衰退时期，一些本来可以寻找工作的劳动者由于对在某一可行的工资率水平下找到工作变得非常悲观，因而停止寻找工作，临时成为非劳动力参与者，这便是灰心丧气的劳动者效应。

39. D 【解析】本题考查个人劳动力供给曲线。个人劳动力供给曲线呈现出一条"向后弯曲的"劳动力供给曲线。

40. D 【解析】本题考查劳动力需求的交叉工资弹性。如果两种劳动力交叉工资弹性是负值，则意味着一种劳动力的工资率提高促进了另一种劳动力的就业量减少，说明两者是总互补关系。

41. B 【解析】本题考查不同职业之间工资差别形成的原因。在外部环境条件和机会一致的条件下，劳动者之间的竞争性工资差别显然只能归结于不同劳动者的劳动力在质上的差异。

42. C 【解析】本题考查工资性报酬差别与劳动力市场歧视。劳动力市场歧视可分为：工资歧视和职业歧视。

43. B 【解析】本题考查不同职业之间工资差别形成的原因。补偿性工资差别揭示了由于工作条件和社会环境原因而导致的收入差异。

44. D 【解析】本题考查失业的类型及其成因与对策。信息技术业不随季节的不同而波动。

45. A 【解析】本题考查失业的类型。季节性失业是指由于季节变化而导致的定期性的劳动者就业岗位的丧失。选项A错误。

46. C 【解析】本题考查高等教育的信号模型理论。根据高等教育的信号模型理论，企业利用大学毕业文凭作为筛选工具可能确实是一种既简单明确而且预测准确率也比较高的方法。

47. C 【解析】本题考查人力资本投资的相关内容。增进健康、加强学龄前儿童营养属于人力资本投资活动。

48. A 【解析】本题考查一般培训和特殊培训的成本分摊。通常情况下，一般培训的成本要由员工来承担，特殊培训的成本要由企业来承担。

49. C 【解析】本题考查关于上大学的合理年限决策。在边际收益一定的情况下，边际成本更高的人愿意上大学的年限更少一些。

50. B 【解析】本题考查社会保险法律关系。保险人是指依法收取社会保险费，并按照规定支付保险待遇的主体。

51. A 【解析】本题考查社会保险法律适用的基本规则。同位法中特别规定与一般规定不一致时，应该适用特别规定。

52. A 【解析】本题考查劳动合同履行与变更。变更劳动合同未采用书面形式，但已经实际履行了口头变更的劳动合同超过一个月，且变更后的劳动合同内容不违反法律、行政法规、国家政策以及公序良俗，当事人以未采用书面形式为由主张劳动合同变更无效的，人民法院不予支持。

53. D 【解析】本题考查用人单位劳动规章制度。劳动规章制度要具有法律效力，应满足三个条件：(1)内容合法，不违背有关法律法规及政策；(2)经过民主程序制定；(3)要向劳动者公示。选项A错误。《劳动合同法》规定：用人单位应当将直接涉及劳动者切身利益的规章制度和重大事项决定公示，或者告知劳动者。选项B错误。在规章制度和重大事项决定实施过程中，工会或者职工认为不适当的，有权向用人单位提出，通过协商予以修改完善。选项C错误。

54. A 【解析】本题考查劳务派遣单位的设立。用人单位与其他单位合伙设立的劳务派遣单位，属于《劳动合同法》规定的不得设立的劳务派遣单位的范围。劳务派遣单位应当依照公司法有关规定设立，注册资本不得少于 200 万元。劳务派遣单位不可以向被派遣劳动者收取管理费用。

55. D 【解析】本题考查劳动争议。根据《劳动法》《劳动争议调解仲裁法》《劳动合同法》等法律调整范围的规定，我国境内的企业、个体经济组织、民办非企业单位等组织及国家机关、事业组织、社会团体和与之建立劳动关系的劳动者，事业单位与本单位实行聘用制的工作人员，因劳动权利义务产生分歧而引起的争议，属于劳动争议。

56. C 【解析】本题考查劳动争议处理机制。用人单位违反国家规定，拖欠或者未足额支付劳动报酬，或者拖欠工伤医疗费、经济补偿或者赔偿金的，劳动者可以向劳动行政部门投诉，劳动行政部门应当依法处理。

57. B 【解析】本题考查劳动争议诉讼。未办理营业执照、营业执照被吊销或者营业期限届满仍继续经营的用人单位，以挂靠等方式借用他人营业执照经营的，应当将用人单位和营业执照出借方列为当事人。

58. D 【解析】本题考查劳动能力鉴定。自劳动能力鉴定结论做出之日起 1 年后，工伤职工或者其近亲属、所在单位或者经办机构认为伤残情况发生变化的，可以申请劳动能力复查鉴定。

59. D 【解析】本题考查工伤保险。国家根据不同行业的工伤风险程度确定行业的差别费率，并根据工伤保险费使用、工伤发生率等情况在每个行业内确定若干费率档次，而不是统一费率。

60. B 【解析】本题考查社会保险法律责任。从责任主体分，社会保险法律责任主要包括用人单位责任、劳动者责任、社会保险经办机构责任和其他主体责任。

二、多项选择题

61. BD 【解析】本题考查双因素理论中的保健因素。激励因素是指成就感、别人的认可、工作性质、责任和晋升等因素。保健因素是指组织政策、监督方式、人际关系、工作环境和工资等因素。选项 A、C、E 属于激励因素。

62. ABCD 【解析】本题考查魅力型领导理论。能够促使归因的领导特质包括自信、印象管理技能、社会敏感性和共情等，所以本题选 ABCD。

63. ABE 【解析】本题考查组织文化的相关内容。组织文化结构包含制度层，而不是管理层。外部环境也是影响企业文化的一个重要因素。所以选项 C、D 错误。

64. BCDE 【解析】本题考查高绩效工作系统。美国早期的高绩效工作系统研究主要集中在制造业领域，后来，高绩效管理系统的研究也扩展到服务业等其他领域。

65. BCDE 【解析】本题考查人力资源需求预测的影响因素。在进行一个组织的人力资源需求预测时，主要应当考虑组织的战略定位和战略调整、组织所提供的产品和服务的变化情况、组织内部各职位上员工的工作、组织的技术变革、组织结构调整以及流程再造等若干方面的因素。

66. ABCD 【解析】本题考查甄选对组织的价值与意义。即使一个组织在甄选过程中产生决策失误，雇用了不合适的人，也可以采取一些适当的方式来加以弥补。例如对员工进行培训，调整员工的工作岗位，甚至是通过到期解除劳动合同，或者直接解雇的方式来将不合格的人剔除出组织。

67. ABDE 【解析】本题考查绩效计划的制定步骤。在准备阶段需要搜索的信息不包括选项 C。

68. ABCD 【解析】绩效管理的出发点是绩效计划，而绩效计划正式基于组织的发展战略的。通过绩效管理，组织的战略可以得到很好的贯彻和执行。所以 E 选项的表述是错误的。

69. ABDE 【解析】本题考查员工持股计划的激励对象。根据我国有关政策规定，允许参与员工持股计划的人员通常包括四类人员：在企业工作满一定时间的正式员工；公司的董事、监事、经理；企业派往投资企业、代表处工作，劳动人事关系仍在本企业的外派人员；企业在册管理的离退休人员。

70. ABCE 【解析】本题考查职位评价方法。因素比较法的优点是较为完善，可靠性高，同时也使不同的职位之间更具可比性，且可由职位内容直接求得具体薪酬金额。其缺点是评价体系设计复杂、难度较大，成本较高。同时，由于这种方法不易理解，因此员工对其准确性和公平性容易产生质疑。

71. BCD 【解析】本题考查劳动关系系统运行。劳动关系系统的运行和发展，一般分为三种状态，即良性运行和谐发展、中性运行常态发展、恶性运行畸形发展。

72. DE 【解析】本题考查事业单位工作人员培训。事业单位工作人员培训分为岗前培训、在岗培训、转岗培训和专项培训，根据不同行业、不同类型、不同岗位特点，按照规定的方式进行。

73. ABC 【解析】本题考查晋升竞赛的设计。高级职位上的人继续获得晋升（如从副总裁晋升到总裁）的难度增大，晋升风险很高，所以相关联的工资差距往往会很大。选项 D 说法错误。设计晋升竞赛时，要在参与晋升竞赛者当前的职位和拟晋升职位之间创造出一种合理的工资差距，工资差距太小会削弱竞赛参与者的努力动机。选项 E 说法有误。

74. ABC 【解析】本题考查工资性报酬差别与劳动力市场歧视。通常情况下，不同性别、种族等的劳动者群体之间会存在工资性报酬的差别。在这些工资性报酬差别中，有些是属于可以从经济学上得到解释的差别，比如年龄和受教育程度；职业；工时和工作经验。

75. ABCE 【解析】本题考查工资水平。正是由于有着较大的规模，企业才发现要对自己的员工进行监督是十分困难的，因而必须转而依靠其他方法来激励员工达到较高的努力水平。所以 D 选项描述错误。

76. BC 【解析】本题考查高等教育投资决策的基本模型。在其他条件相同的情况下，上大学的成本越低，则愿意上大学的人相对就会越多。在其他条件相同的情况下，大学毕业生与高中毕业生之间的工资性报酬差距越大，则愿意投资于大学教育的人相对来说就会越多。

77. ABD 【解析】本题考查劳动力流动。影响劳动力流动的劳动者因素包括：劳动者的年龄、劳动者的任职年限、劳动者的性别。

78. AB 【解析】本题考查教育投资的私人收益估计偏差。传统的高等教育收益率研究实际上一方面高估了那些实际没有上大学的人因为没上大学而放弃的收益，同时又低估了大学毕业生们从上大学中实际获得的收益，这种误差就被称为选择性误差，所以选项 A、B 正确。

79. ABCE 【解析】本题考查劳动争议处理的基本原则。劳动争议处理的基本原则包括：合法、公正、及时、着重调解的原则。

80. BDE 【解析】本题考查劳务派遣用工单位应承担的法定义务。劳务派遣用工单位不得向被派遣劳动者收取费用。劳务派遣单位不能以非全日制用工形式招用被派遣劳动者。

三、案例分析题

(一)

81. A 【解析】本题考查马斯洛需要层次理论。案例中，张明采取高额奖金的激励方法，没有考虑到销售部门等员工的工作性质，没有考虑每个员工的特殊需要。

82. CD 【解析】本题考查双因素理论。必须重视员工的成就感、认同感、责任感及个人的成长，才能激励员工。

83. ABC 【解析】本题考查双因素理论。从案例分析可知，选项 A、B、C 是引起员工不满的原因。

84. ABD 【解析】本题考查双因素理论。从案例可知，张明的管理问题主要是没有考虑员工的特殊需要造成的，不是领导权威的问题，选项 C 不合题意。

(二)

85. B 【解析】本题考查职能制的组织结构。职能制的主要特点有职能分工、直线—参谋制、管理权力高度集中。这些在题干中都有体现，所以应选 B。

86. A 【解析】本题考查管理层次和管理幅度的概念。管理层次是指从最高一层管理组织到最低一级管理组织的各个组织等级。该公司中的组织等级有厂长、厂部、车间、工段、班组，所以管理层次是 5 层。管理幅度是指一名领导者直接领导的下级人员的数量。题干已经表明"每个上级直接管辖的下属为 3~9 人",所以管理幅度为 3~9 人。

87. B 【解析】本题考查职能制组织形式的缺点。职能制组织形式的缺点有:狭隘的职能观念;横向协调性差;适应性差;企业领导负担重;不利于培养具有全面素质、能够经营整个企业的管理人才。

88. B 【解析】本题考查组织变革的方法。组织变革的方法有以人员为中心的变革、以结构为中心的变革、以技术为中心的变革、以系统为中心的变革。以结构为中心的变革是对组织内部结构进行分化和统合,包括重新划分和合并新的部门,调整管理层次和管理幅度,任免责任人,明确责任和权力等。所以本题应选 B。

(三)

89. BCD 【解析】本题考查结构化面试。选项 A 说法错误,结构化面试的灵活性不够。

90. B 【解析】本题考查面试的类型。角色扮演是要求被测试者扮演一位管理者或者某岗位员工,然后让他们根据自己对角色的认识或担任相关角色的经验来进行相应的语言表达和行为展示。

91. B 【解析】本题考查结构化面试。结构化面试又称为标准化面试。

92. CD 【解析】本题考查角色扮演。案例中主要考察的是人际关系处理能力和情绪、思维、应变能力等人格特质。

(四)

93. AC 【解析】本题考查劳动力供给的质量。劳动力供给质量主要是指劳动力队伍的身体健康状况以及受教育和训练的程度。

94. ABD 【解析】本题考查劳动力供给数量的决定因素。一国的劳动力数量主要取决于该国的人口总量、劳动力参与率以及劳动者的平均周工作时间。

95. ACD 【解析】本题考查劳动力需求。选项 B 说法错误,其他条件不变,资本价格下降的规模效应会导致中国劳动者的就业增加。

96. ABD 【解析】本题考查劳动力需求。产品需求的价格弹性越大,劳动力需求下降的幅度就越大,所以选项 C 不利于劳动者就业。

(五)

97. B 【解析】本题考查劳务派遣。劳务派遣单位应当与被派遣劳动者订立 2 年以上的固定期限劳动合同,所以选项 A 错误;劳务派遣单位应当为被派遣劳动者缴纳社会保险,所以选项 C 错误;施某在工作中出现安全问题,用工单位要负一定的责任,所以选项 D 错误。

98. B 【解析】本题考查劳务派遣。劳务派遣是指劳务派遣单位与被派遣劳动者建立劳动关系后,将该劳动者派遣到用人单位从事劳动的一种特殊用工形式。在这种特殊用工形式下,劳务派遣单位与劳动者建立劳动关系,本题中与劳动者建立劳动关系的是 L 劳务派遣公司,所以承担施某受伤责任的主体是 L 劳务派遣公司。

99. AD 【解析】本题考查劳动争议的处理。用人单位可以根据实际需要自主决定是否设立劳动争议调解委员会,选项 A 正确。劳动争议调解应遵循的原则之一为自愿原则,劳动争议调解委员会遵循双方当事人自愿原则进行调解。选项 D 正确。

100. AB 【解析】本题考查工伤认定的申请。职工发生事故伤害或者按照职业病防治法规定被诊断、鉴定为职业病,所在单位应当自事故伤害发生之日或者被诊断、鉴定为职业病之日起 30 日内,向统筹地区社会保险行政部门提出工伤认定申请。用人单位未按规定提出工伤认定申请的,工伤职工或者其近亲属可以直接向用人单位所在地统筹地区社会保险行政部门提出工伤认定申请。

最后冲刺套题(二)参考答案及详细解析

一、单项选择题

1. B 【解析】本题考查马斯洛的需要层次理论。马斯洛的需要层次理论认为，组织用来满足员工低层次需要的投入是效益递减的，当员工低层次的需要得到一定程度的满足后，公司仍以原来的方式来激励员工，效果会很小。

2. B 【解析】本题考查双因素理论。根据赫茨伯格的双因素理论，具备激励因素，员工满意；缺失激励因素，员工没有满意。所以本题选 B。

3. D 【解析】本题考查动机的要素。动机有三要素：决定人行为的方向，即选择做出什么样的行为；努力的水平，即行为的实施程度；坚持的水平，即遇到阻碍时会付出多大努力来坚持自己的行为。

4. C 【解析】本题考查豪斯的路径—目标理论。豪斯确定了四种领导行为：指导式领导、支持型领导、参与式领导、成就取向式领导。指导式领导：让员工明确他人对自己的期望、成功绩效的标准和工作程序。

5. C 【解析】本题考查概念技能的含义。概念技能是按照模型、框架和广泛联系进行思考的能力。

6. A 【解析】本题考查管理方格图。管理方格理论把领导者的基本风格划分为五种，其中管理者既不关心任务，也不关心人的领导风格是"无为而治"的领导风格。

7. C 【解析】本题考查组织结构的权变因素。本题中，②⑤⑥属于组织结构的权变因素，①③④则属于组织结构的特征因素。

8. B 【解析】本题考查组织结构的规范性要素。规范性是指使用规则和标准处理方式以规范工作行为的程度。

9. D 【解析】本题考查组织结构的特征因素。组织结构的专业化程度是指企业各职能工作分工的精细程度，具体表现为其部门(科室)和职务(岗位)数量的多少。

10. B 【解析】本题考查组织设计类型的适用环境。矩阵组织形式在复杂/动态环境中较为有效。

11. A 【解析】本题考查战略性人力资源管理的三大工具。战略地图是对组织战略实现过程进行分解的一种图形工具，它展示了为确保公司战略得以成功实现而必须完成的各种关键活动及其相互之间的驱动关系。

12. B 【解析】本题考查战略性人力资源管理的概念。人力资源是一个组织的重要战略资产甚至是获取竞争优势的首要资源。

13. B 【解析】本题考查人力资源战略与不同组织战略的匹配。外部成长战略培训工作的重点是文化整合和价值观的统一。

14. B 【解析】本题考查学习型组织的概念。学习型组织是指组织通过促使所有员工持续获取和分享知识而形成的一种重视和支持终身学习的文化。

15. A 【解析】本题考查内部成长战略。内部成长战略是一种通过整合和利用组织所拥有的所有资源来强化组织优势的战略。

16. A 【解析】本题考查人力资源规划的概念。狭义的人力资源规划专指组织的人员供求规划或雇用规划，即根据组织未来的人力资源需求和供给分析，找出供求之间的差距或矛盾，从而帮助组织制订在未来平衡人力资源供求关系的各种相关计划。

17. D 【解析】本题考查趋势预测法。趋势预测法是根据一个组织的雇佣水平在最近若干年的总体变化趋势，来预测组织在未来某一时期的人力资源需求数量的方法。

18. B 【解析】本题考查心理测试。自陈量表法，即编制好一套人格测试问卷之后，由被测试者本人

· 7 ·

根据自己的实际情况或感受来回答问卷中的全部问题，以此来衡量一个人的人格。

19. D 【解析】本题考查人力资源需求小于供给时的组织对策。临时性解雇或永久性裁员是解决组织所面临的人力资源需求不足及其供给之间的矛盾的最简单直接同时也是见效最快的方法。

20. C 【解析】本题考查成就测试。成就测试和认知能力测试的测量对象都属于认知性特质，它们所要测量的都是一个人从与环境间的相互作用经验中发展出来的能力。

21. B 【解析】本题考查绩效管理工具。目标管理是一种沟通的程序或过程，它强调企业上下一起协商，将企业目标分解成个人目标，并将这些目标作为公司经营、评估、奖励的标准。所以本题选 B。

22. D 【解析】本题考查有效绩效管理的特征。有效的绩效管理应当具备以下五个特征：敏感性、可靠性、准确性、可接受性、实用性。

23. A 【解析】本题考查复本信度。复本信度就是指对同一组被试者进行某种测试时，使用两种功能等值但是表面内容并不相同的测试形式，然后考察在这两种等值的测试中被试者取得的分数之间的相关程度。

24. D 【解析】本题考查绩效改进。六西格玛管理通过减少企业业务流程的偏差，使组织绩效提高到更高的水平。它通过使用一系列统计工具来分析企业业务流程。

25. C 【解析】本题考查取得不同竞争优势战略下的绩效管理策略。采用差异化战略的企业在绩效考核中应选择以行为为导向的评价方法。

26. C 【解析】本题考查限制性股票的禁售期。《境内上市公司办法》规定，在股权激励计划有效期内，每期授予的限制性股票，其禁售期不得低于 2 年。

27. C 【解析】本题考查晕轮效应的概念。晕轮效应指对一个人进行评价时，往往会因为对他的某一特质强烈而清晰的感知，而掩盖了该人其他方面的品质。

28. B 【解析】本题考查上市公司股权激励。股票增值权的激励对象拥有规定数量的股票股价上升所带来的收益，但不拥有这些股票的所有权，也不拥有表决权、配股权。所以 B 选项错误。

29. C 【解析】本题考查员工持股计划的持股期限。上市公司应当在员工持股计划届满前 6 个月公告到期计划持有的股票数量。

30. B 【解析】本题考查组织内的职业生涯通道。纵向通道是员工在不同管理层级、技术等级、技能等级上下之间的变动路径。因此选 B。

31. B 【解析】本题考查反应评估。反应评估重点是评估受训人员对培训与开发的主观感受和看法，包括对培训与开发的内容、方法、形式、培训师、设施的满意程度等。

32. B 【解析】本题考查职业兴趣类型的特点。根据霍兰德职业兴趣理论的分析，常规型的人的个性特征是偏好对文字和数据等资料进行明确、有序的整理，喜欢使用文字和数据处理设备等协助组织实现目标或获取经济收益。

33. C 【解析】本题考查职业年金。单位缴纳职业年金费用的比例为本单位工资总额的 8%，个人缴费比例为本人缴费工资的 4%，由单位代扣。

34. A 【解析】本题考查我国调整劳动关系的制度和机制。劳动合同制度是市场经济条件下调整个别劳动关系的一项基本制度。

35. D 【解析】本题考查职业分类。《职业分类大典》的职业分类结构为 8 个大类、75 个中类、434 个小类、1 481 个职业。

36. D 【解析】本题考查公务员管理。定期考核的结果应当以书面形式通知公务员本人。

37. B 【解析】本题考查劳动力市场的特征。可以从多种不同的角度来划分劳动力市场，这是劳动力市场多样性特征的体现。

38. B 【解析】本题考查个人劳动力供给曲线。替代效应：工资率的提高意味着劳动者享受闲暇的机会成本上升，从而促使劳动者增加劳动力供给时间。

39. A 【解析】本题考查家庭生产理论。一般情况下，家庭内部分工决策适用于比较优势原理。即每个家庭成员都应当去从事生产率相对效率最高或最擅长的那种时间利用方式。

40. D 【解析】本题考查家庭生产理论。家庭生产理论中，一个家庭会把它生产出来的家庭物品看成效用的直接来源，即一个家庭必须用购买来的商品或服务，再加上一些家庭时间，才能生产出可供家庭消费并产生效用的家庭物品。

41. D 【解析】本题考查工资差别。各产业部门所处的地理区域是形成产业工资差别的第五个因素。制造业的工资水平一般较高，而制造业通常也是比较集中的位于工资水平高的地区，其中的一个主要原因就是在高工资水平地区便于找到技术较高的熟练工人。

42. B 【解析】本题考查工资差别。竞争性工资差别是指在劳动力和生产资料可以充分流动的竞争条件下，劳动者之间所存在的工资差别。高质量的劳动力通常有高的劳动效率，从而工资也较高；质量较低的劳动力因效率低而通常也只有较低的工资。

43. D 【解析】本题考查工资性报酬差别与劳动力市场歧视。企业在招聘员工时对具有某种特征或身份的员工发生歧视称为雇主歧视。

44. A 【解析】本题考查就业与就业统计。根据国际劳工组织的定义，因为疾病、工伤、休假、旷工或天气恶劣等原因暂时脱离工作的劳动者属于就业人口。

45. C 【解析】本题考查失业的类型及其成因与对策。周期性失业是指由于经济周期或经济波动引起劳动力市场供求失衡所造成的失业。

46. D 【解析】本题考查高等教育投资决策的几个基本推理。上大学的总收益是指一个人在接受大学教育之后的终身职业生涯中获得的超过高中毕业生的工资性报酬。

47. A 【解析】本题考查高等教育投资决策。在上大学的成本等其他条件一定的情况下，一个人上大学越早，在其今后的一生中能够获得这种人力资本投资收益的时间就会越长，从而使上大学所得到的净现值更高。

48. C 【解析】本题考查一般培训的成本与收益分摊方式。由员工自己负担接受一般培训的成本并享有其收益。

49. B 【解析】本题考查在职培训投资的成本及收益安排。在特殊培训的情况下，培训投资的成本和收益安排往往是这样的：在培训期间，受训者因接受培训会导致其生产率比不接受培训时要低，但是这时企业既不完全按员工在接受培训时的较低生产率来支付工资，又不完全按员工不接受培训时的生产率来支付与市场工资率相同的工资率，而是向员工支付一种位于市场工资率和低生产率工资率之间的工资率。这实际上意味着企业和员工共同分摊了特殊培训的成本。既然企业和员工分摊了投资的成本，那么他们必然要分享特殊培训的收益才合理。

50. D 【解析】本题考查社会保险法的基本内容。无雇工的个体工商户、未在用人单位参加社会保险的非全日制从业人员以及其他灵活就业人员可以参加职工基本养老保险和职工基本医疗保险。

51. C 【解析】本题考查劳务派遣的相关内容。被派遣劳动者在无工作期间，劳务派遣单位应当按照所在地人民政府规定的最低工资标准，向其按月支付报酬。

52. C 【解析】本题考查用人单位解除、终止劳动合同的附随义务。用人单位应当在解除或者终止劳动合同时出具解除或者终止劳动合同的证明，并在15日内为劳动者办理档案和社会保险关系转移手续。

53. D 【解析】本题考查非全日制用工。非全日制用工劳动报酬结算支付周期最长不得超过15日。

54. C 【解析】本题考查劳动争议。《劳动合同法》等法律调整范围的规定，我国境内的企业、个体经济组织、民办非企业单位等组织和国家机关、事业组织、社会团体与之建立劳动关系的劳动者，事业单位与本单位实行聘用制的工作人员，因劳动权利义务产生分歧而引起的争议，属于劳动争议。

55. D 【解析】本题考查劳动争议处理的原则和范围。劳动者与用人单位因住房制度改革产生的公有住房转让的争议不属于劳动争议的情形。

56. B 【解析】本题考查基本医疗保险。《社会保险法》规定，医疗费用不纳入基本医疗保险基金支付范围的有：(1)应当从工伤保险基金中支付的；(2)应当由第三人负担的；(3)应当由公共卫生负担的；(4)在境外就医的。B选项应纳入基本医疗保险基金支付范围。

57. B 【解析】本题考查工伤保险。工伤有下列情形之一的，停止享受工伤保险待遇：丧失享受待遇条件的、拒不接受劳动能力鉴定的、拒绝接受治疗的。

58. A 【解析】本题考查用人单位的责任。职工(包括非全日制从业人员)在两个或者两个以上用人单位同时就业的，各用人单位应当分别为职工缴纳工伤保险费。职工发生工伤，由职工受到伤害时工作的单位依法承担工伤保险责任。

59. C 【解析】本题考查社会保险。《社会保险法》规定，职工应当参加工伤保险，费用由用人单位按照国家规定缴纳，职工不缴纳工伤保险。

60. A 【解析】本题考查企业补充医疗保险。企业补充医疗保险是企业在参加基本医疗保险的基础上，国家给予政策鼓励，由企业自主举办或参加的一种补充性医疗保险形式。

二、多项选择题

61. ABDE 【解析】本题考查公平理论。亚当斯的公平理论指出，员工进行公平比较时可能是纵向的，也可能是横向的，选项C错误。

62. ABD 【解析】本题考查变革型领导者的方法。选项C、E属于交易型领导者的方法。

63. ABCD 【解析】本题考查决策风格。根据价值取向与模糊耐受性两个维度的组合，决策风格可以分为：指导型、分析型、概念型、行为型。

64. ACE 【解析】本题考查战略性人力资源管理的概念。一个组织的战略通常包括三个层次，即组织战略、竞争战略以及职能战略。

65. ABE 【解析】本题考查人力资源需求预测的主要方法。选项C错误，趋势预测法的实用性比较强；同时由于比较粗糙，预测的准确度会打一定的折扣。选项D错误，根据回归方程所涉及的自变量数量，可以将回归分析法划分为一元回归分析法和多元回归分析法。

66. ABCE 【解析】本题考查人格测试。20世纪90年代以来，"大五"人格理论逐渐得到广泛运用。"大五"实际上是指一个人在以下五个人格特征方面的表现：外向性、和悦性、公正性、情绪性和创造性。

67. ABCE 【解析】本题考查目标管理法的不足。目标管理法存在以下不足：(1)目标管理法倾向于聚焦短期目标，即该考核周期结束时需要实现的目标；(2)目标管理法的假设之一是认为员工是乐于工作的，这种过分乐观的假设高估了企业内部自觉、自治氛围形成的可能性；(3)目标管理法可能增加企业的管理成本；(4)目标有时可能难以制定。

68. BCDE 【解析】本题考查绩效管理有效实施的影响因素。绩效管理有效实施的影响因素有：观念、高层领导支持、人力资源管理部门的尽职程度、各层员工对绩效管理的态度、绩效管理与组织战略的相关性、绩效目标的设定、绩效指标的设置、绩效系统的时效性。

69. ABCD 【解析】本题考查薪酬体系设计的基本步骤。薪酬调查的步骤包括：(1)确定调查目的；(2)确定调查范围；(3)选择调查方式；(4)统计分析调查数据；(5)提交薪酬调查分析报告。

70. ABCD 【解析】本题考查培训与开发效果的评估。结果评估包括硬指标和软指标，其中硬指标易于衡量和量化，所以E的说法有误。

71. ABCE 【解析】本题考查员工申诉管理。员工申诉管理原则：(1)明晰原则；(2)合法原则；(3)公平原则；(4)及时原则；(5)保密原则；(6)反馈原则。

72. ABC 【解析】本题考查职业年金。职业年金基金由下列各项组成：(1)单位缴费；(2)个人缴费；(3)职业年金基金投资运营收益；(4)国家规定的其他收入。

73. BD 【解析】本题考查家庭生产理论。家庭物品的生产方式可以划分为两类，即时间密集型、商品密集型，没有选项 A、C、E 的分类。

74. ABCE 【解析】本题考查工资差别。不同产业部门之间工资差别形成的原因有：熟练劳动力所占比重、技术经济特点、发展阶段、工会化程度、地理位置。

75. ABC 【解析】本题考查不同群体间的工资性报酬差别与歧视。通常情况下，不同性别、种族等的劳动者群体之间会存在工资性报酬的差别。在这些工资性报酬差别中，有些是属于可以从经济学上得到解释的差别，比如年龄和受教育程度；职业；工时和工作经验。

76. ABCD 【解析】本题考查人力资本投资的一般原理。人力资本投资可以被定义为任何就其本身来说是用来提高人的生产能力从而提高人在劳动力市场上的收益能力的初始性投资。这样，不仅各级正规教育和在职培训活动所花费的支出属于人力资本投资，而且增进健康、加强学龄前儿童营养、寻找工作、工作流动等活动也同样属于人力资本投资活动。

77. ABC 【解析】本题考查特殊培训对于员工行为的影响。大多数接受过特殊培训的员工通常流动的倾向会比较弱，失业的可能性也比较小。选项 D、E 错误。

78. AE 【解析】本题考查社会保险法律关系主体的分类。我国征缴社会保险费的法定机构有两个，即税务机关和社会保险经办机构。

79. CE 【解析】本题考查劳动合同履行的原则。劳动合同履行的原则是全面履行原则和合法原则。

80. AB 【解析】本题考查劳动争议当事人的举证责任。在法律没有具体规定举证责任承担时，仲裁庭可以根据公平原则和诚实信用原则，综合当事人举证能力等因素确定举证责任的承担。

三、案例分析题

(一)

81. BC 【解析】本题考查领导者的技能。领导者的三种主要技能是技术技能、人际技能、概念技能。技术技能是一个人对于某种类型的程序或技术所掌握的知识和能力，人际技能是有效地与他人共事和建立团队合作的能力，概念技能是按照模型、框架和广泛联系进行思考的能力。从案例来看，小张不善于与员工沟通，并且对于管理流程不知道变通，所以小张缺乏的是人际技能和概念技能。

82. D 【解析】本题考查领导者的技能。选项 D 说法错误，正确的说法是：管理层级越高，工作中技术技能所占的比例越小，而概念技能所占的比例越大。

83. BCD 【解析】本题考查领导者的技能。领导技能发展主要有两种途径：(1)基于领导能力的培养，通过学习和已经获得的知识为基础的方法来得到提高。(2)辅导，讲师和领导者建立互相信任和尊重的关系，讲师可以帮助领导者明确事业范围和期望。除此之外，培训、工作设计、行为管理等其他组织行为技能也可以用来发展领导技能。

84. ABC 【解析】本题考查领导者的技能。成功的领导依赖于合适的行为、技能和行动，所以本题选 ABC。

(二)

85. C 【解析】本题考查绩效考核的方法。强制分布法要求评价者将被评价者的绩效结果放入一个类似于正态分布的标准中。它将员工的绩效表现划分为多个等级，并确定每个等级的人数比例。

86. ABC 【解析】本题考查绩效评价中容易出现的问题。在绩效评价中容易出现的问题有晕轮效应、趋中倾向、过宽或过严倾向、年资或职位倾向、盲点效应、刻板印象、首因效应、近因效应。

87. ABD 【解析】本题考查绩效面谈的技巧。绩效面谈的技巧之一是认真倾听，最忌讳主管人员喋喋不休，时常打断员工的谈话。

88. C 【解析】本题考查绩效改进的概念。绩效改进是指通过找出组织或员工工作绩效中的差距，制订并实施有针对性地改进计划来提高员工绩效水平的过程。

(三)

89. ABD 【解析】本题考查薪酬管理。该公司的薪酬分配原则不清楚，存在内部不公平；不同职位之间、不同员工之间的薪酬差别基本上是凭感觉来确定；不能准确了解外部，特别是同行业的薪酬水平，无法准确定位薪酬整体水平。

90. C 【解析】本题考查工作分析及职位评价。工作分析是确定薪酬体系的基础。
91. C 【解析】本题考查薪酬调查。薪酬调查主要是为了解决薪酬的外部竞争性问题。薪酬调查主要是通过各种途径，收集企业所关注的竞争对手或同行业类似企业的薪酬水平及相关信息。并通过调查所得数据绘制薪酬曲线得出本公司职位薪酬所在位置。
92. B 【解析】本题考查职位评价。职位评价主要是为了解决薪酬的内部公平性问题。

(四)

93. ABC 【解析】本题考查劳动力市场非均衡及其影响因素。雇用和解雇劳动力的过程都不可能在不付出成本的条件下实现。企业在雇用劳动者的过程中需要支付很多成本，包括搜寻成本以及对劳动者进行筛选的成本。在雇用劳动者之后，企业往往还需要对劳动者进行各种在职培训，从而承担相应的培训成本。从解雇的角度来说，解雇员工的做法可能会被视为对员工不公平，从而影响企业未来在市场上招募员工的能力，同时可能会损害留用员工的生产率。
94. BCD 【解析】本题考查劳动力流动。在现实中，劳动力流动是有成本的，其中不仅包括寻找就业信息的成本，而且包括因为离开原来的雇主而失去的很多经济或非经济收益。此外，从为一位雇主工作转变到为另一位雇主工作，往往还涉及一些在原来企业学习到的技能失效，以及需要重新接受培训，从而掌握新的技能的成本。因此，劳动力流动在某种程度上是受到限制的。
95. AB 【解析】本题考查劳动力流动。近些年来，相当一批已婚女性在市场生产率正在上升或者处于较高水平的年龄上，退出劳动力市场，导致女性的劳动力参与率下降。这一方面与丈夫的收入水平大幅度上涨有关，另一方面导致这些女性放弃劳动力市场工作的一个最主要原因是中国当前的教育体制导致子女的教育压力过大。从历史上来看，女性通常总是承担着从事家庭生产的主要责任，目前其偏好虽然在发生改变，但与男性相比仍然更加偏好家务劳动而不是市场工作。
96. BC 【解析】本题考查劳动力供给。非劳动收入增加会导致劳动力参与率下降；相反，非劳动收入减少可能导致劳动力参与率上升。已退休者的劳动力参与率上升可能是因为他们重新就业的机会较多。当工资率上升到一定程度，随着劳动者总收入水平的提高，他们的需要层次也会随之提高，从而对闲暇的满足看得比较重，工资率上升对劳动力供给所产生的收入效应就比替代效应的作用力度更大一些，所以工资水平越高的退休者，退休后劳动力参与率越低。

(五)

97. A 【解析】本题考查工伤认定的情形。在上下班途中，受到非本人主要责任的交通事故或者城市轨道交通、客运轮渡、火车事故伤害的可以认定为工伤。
98. B 【解析】本题考查工伤鉴定。自劳动能力鉴定结论作出之日起1年后，工伤职工或其直系亲属、所在单位或经办机构认为伤残情况发生变化的，可以申请劳动能力复查鉴定。
99. D 【解析】本题考查工伤认定申请的相关内容。社会保险行政部门应当自受理工伤认定申请之日起60日内作出工伤认定的决定，并书面通知申请工伤认定的职工或者其近亲属和该职工所在单位。
100. C 【解析】本题考查工伤保险待遇。职工所在用人单位未依法缴纳工伤保险费，发生工伤事故的，由用人单位支付工伤保险待遇。

最后冲刺套题(三)参考答案及详细解析

一、单项选择题

1. C 【解析】本题考查 ERG 理论。美国的奥尔德弗对马斯洛需要层次理论进行修订，提出了 ERG 理论，并提出"挫折—退化"观点，认为如果较高层次的需要不能得到满足的话，对满足低层次需要的欲望就会加强。

2. B 【解析】本题考查双因素理论的内容。根据赫茨伯格的双因素理论，保健因素的缺失会导致员工不满。

3. C 【解析】本题考查魅力型领导的特征。魅力型领导者是具有自信并且信任下属，对下属有高度的期望，有理想化的愿景和个性化风格的领导者。

4. A 【解析】本题考查密歇根模式。密歇根模式发现员工取向的领导风格与团体高绩效和员工高度满足感相关，生产取向的领导风格则和低绩效、低满足感相关。因此密歇根模式支持员工取向的领导作风。

5. D 【解析】本题考查交易型领导者的特征。交易型领导者的特征有：奖励、差错管理(积极型)、差错管理(消极型)、放任。选项 A、B、C 属于变革型领导者的特征。

6. C 【解析】本题考查矩阵组织形式的适用范围。矩阵结构适用于因技术发展迅速和产品品种较多而具有创新性强、管理复杂的特点的企业。

7. A 【解析】本题考查决策风格。根据价值取向与模糊耐受性两个维度的组合，决策风格可以分为：指导型、分析型、概念型、行为型。其中，指导型是指决策者具有较低的模糊耐受性水平，倾向于关注任务和技术本身。

8. A 【解析】本题考查组织发展的方法。BCD 选项属于结构技术的内容。

9. B 【解析】本题考查行政层级组织形式的适用范围。行政层级式组织形式在复杂/静态环境中最为有效。

10. B 【解析】本题考查战略性人力资源管理的概念。人力资源管理战略与外部环境和组织战略之间的一致性，也称外部契合或垂直一致性，它强调组织的人力资源管理必须与组织战略保持完全的一致。

11. B 【解析】本题考查传统的组织发展方法。调查反馈是用一种专门的调查工具来评估组织成员的态度，了解员工们在认识上的差异，通常是以问卷的形式进行，可以针对个人，也可针对整个部门或组织。

12. C 【解析】本题考查人力资源战略及其与战略的匹配。C 选项属于创新战略的内容。

13. C 【解析】本题考查战略性人力资源管理的三大工具。战略地图指明了组织战略实现的路径和总体脉络。

14. A 【解析】本题考查趋势预测法。趋势预测法是根据一个组织的雇佣水平在最近若干年的总体变化趋势，来预测组织在未来某一时期的人力资源需求数量的方法。

15. C 【解析】本题考查人才管理。在人才管理中，企业必须转变领导者的角色，将传统的命令型领导转变为影响型领导。

16. D 【解析】本题考查人力资源供求平衡的方法分析。选项 D 属于雇用临时员工或劳务派遣人员的优点。

17. D 【解析】本题考查经验判断法。由于经验判断法主要是凭借管理者的主观感觉和经验来进行人力资源需求预测，因此它主要适用于短期预测，以及那些规模较小或经营环境相对稳定、人员流动率不是很高的企业。

18. B 【解析】本题考查重测信度。重测信度又称再测信度，是指用同一种测试工具在不同的时间对同一群人进行多次测试所得到的结果的一致性程度。它可以用来考察一种测试工具在时间上的稳定性，具体信度系数用多次测试所得结果之间的相关系数来表示。

19. A 【解析】本题考查人力资源需求预测的主要方法。定量的人力资源需求预测方法主要包括比率分析法、趋势预测法以及回归分析法。

20. A 【解析】本题考查知识型团队的绩效考核。效益型指标可以直接用来判断知识型团队的工作产出成果，即团队的产出满足客户需求的程度。

21. B 【解析】本题考查人格测试。自陈量表法是对人格进行测量的方法之一。

22. A 【解析】本题考查尺度评价法的定义。图尺度评价法也被称为等级评价法，是一种最简单也最常用的绩效考评方法。

23. A 【解析】本题考查面试的类型。单独面试又称一对一面试，是指面试考官和被面试者两个人单独见面，面试考官进行口头引导或询问，被面试者作出回答。这是一种比较常见的面试形式。

24. D 【解析】本题考查工作样本测试。社会上的一些职业资格考试基本上都属于知识测试。

25. C 【解析】本题考查薪酬体系设计的步骤。职位评价主要是为了解决薪酬的内部公平性问题。薪酬调查主要是为了解决薪酬的外部竞争性问题。

26. A 【解析】本题考查绩效评价中易出现的问题。盲点效应指主管难于发现员工身上存在的与主管自身相似的缺点和不足。

27. B 【解析】本题考查平衡计分卡法。平衡计分卡法从四个角度即财务、客户、内部流程和学习发展来评价绩效，它能更加全面地反映组织的绩效。

28. A 【解析】本题考查战略性薪酬管理。稳定战略：在薪酬结构上基本薪酬和福利所占的比重较大。收缩战略：在薪酬结构上基本薪酬所占的比例相对较低。创新战略：其基本薪酬以劳动力市场的通行水平为准且略高于市场水平。

29. D 【解析】本题考查培训与开发效果评估的内容。在实际工作中，组织很少进行投资收益评估，因为对其进行评估是一个困难且昂贵的过程。

30. B 【解析】本题考查职位评价方法。排序法是职位评价中使用较早的一种较为简单、最易理解的评价方法，选项A错误。要素计点法的设计与实施都比较复杂，对管理水平要求较高，选项C错误。因素比较法不易理解，员工对其准确性和公平性容易产生质疑，选项D错误。

31. C 【解析】本题考查股票期权的执行方式。股票期权的执行方式包括：现金行权、无现金行权和无现金行权并出售。

32. B 【解析】本题考查职业年金。职业年金个人缴费工资计税基数为职工岗位工资和薪级工资之和。

33. A 【解析】本题考查职业兴趣类型。现实型：偏好与具体的物体（如工具、机械、电子设备等），喜欢有规则的具体劳动以及需要基本操作技能的工作，不喜欢跟人打交道，不适应社会性质的职业，厌恶从事教育、服务和说服性的工作。

34. A 【解析】本题考查职业生涯的发展阶段。职业生涯发展阶段探索期的发展任务是确定兴趣和能力，让自我与工作匹配。

35. C 【解析】本题考查近年来养老保险制度改革。城乡居民养老保险基金由个人缴费、集体补助、政府补贴构成。

36. A 【解析】本题考查事业单位聘用管理。事业单位岗位分为管理岗位、专业技术岗位和工勤技能岗位三种类别。

37. C 【解析】本题考查劳动力市场的特征。劳动力市场与其他市场相比较而言较为突出的一个特征是，劳动力的出售者在劳动力市场上往往是处于不利的地位。这主要是因为，工资收入是大多数劳动者的唯一生活来源,因此,劳动者承受失业从而在失去生活来源的情况下保持原有生活水平的能力一般都比较差。

38. B 【解析】本题考查劳动力参与率。劳动力参与率是实际劳动力人口与潜在劳动力人口之比。

39. A 【解析】本题考查劳动力需求及其影响因素。对劳动力需求量产生影响的因素有工资率、产品需求和资本价格,不包括劳动力供给。在其他条件不变的情况下,产品需求上升带来的规模效应会导致在工资率不变的情况下,企业的或市场总体的劳动力需求数量增加。资本价格变化对于劳动力需求数量的最终影响将取决于哪种效应的力量更大。如果资本价格上升的规模效应大于替代效应,则最终的劳动力需求数量将下降;反之则上升;如果资本价格下降的规模效应大于替代效应,则最终的劳动力需求数量将上升;反之则下降。

40. D 【解析】本题考查劳动力供给弹性。劳动力供给弹性=劳动工时变动/工资率变动×100%,假设工资变动为 X,则 $0.5=0.15/(X/25)\times 100\%$,计算可得 $X=7.5$(元),所以现在的工资水平是 $25+7.5=32.5$(元)。

41. A 【解析】本题考查确定工资水平的实际因素。在现实生活中,影响工资水平确定的因素可归纳为:劳动者个人及其家庭所需的生活费用;同工同酬原则;企业的工资支付能力。

42. D 【解析】本题考查劳动力市场歧视。统计性歧视与雇主的招募与甄选过程有关。

43. C 【解析】本题考查不同职业之间工资差别形成的原因。由于政府实施城乡分离的就业政策而导致的工资差别是非自然性垄断所造成的收入差别。

44. B 【解析】本题考查货币工资与实际工资。价格调整是通过物价指数的变动来完成的。

45. B 【解析】本题考查就业与失业。判断不充分就业人员的标准有:(1)调查周内工作时间不到标准时间的一半,即不到 20 小时;(2)工作时间短是非个人原因;(3)愿意从事更多的工作。这三条必须同时具备才能统计为不充分就业人员。

46. A 【解析】本题考查失业的类型。季节性失业是指由于季节变化而导致的定期性的劳动者就业岗位的丧失。A 选项描述错误。

47. D 【解析】本题考查在职培训。对于工人的技能学习来说,在职培训是最普遍、最主要的方式。

48. D 【解析】本题考查劳动力的流动。一个有经验的员工离职,企业不得不用一个缺乏经验的员工填补空缺时,企业要承受两项损失,其中就包括要在一定时期内承担因新工人生产效率低而带来的损失。

49. A 【解析】本题考查影响劳动力流动的企业因素。从工资水平来看,大企业通常会支付相对较高水平的工资,高工资往往与低流动率联系在一起。而且大公司工作岗位类型多样化,从而为员工不断晋级提供了较大的空间。

50. B 【解析】本题考查影响劳动力流动的市场周期因素。在离职率和失业率之间存在着一种负相关关系。即在失业率高时离职率低,而在失业率低时离职率会比较高。

51. A 【解析】本题考查贴现率的相关内容。本题中的 r 贴现率即为利息,r 越小则未来收入的现在就相对 r 较大时所对应的未来收入的现值就越大。

52. A 【解析】本题考查用人单位解除、终止劳动合同的附随义务。用人单位对已经解除或者终止的劳动合同的文本,至少保存 2 年备查。

53. D 【解析】本题考查劳动合同解除与终止。因用人单位合并、分立等原因导致劳动者工作调动,属于"劳动者非因本人原因从原用人单位被安排到新用人单位工作"。

54. B 【解析】本题考查非全日制用工。非全日制用工双方当事人不得约定试用期。

55. B 【解析】本题考查劳动争议诉讼。人民法院作出的财产保全裁定中,应当告知当事人在劳动仲裁机构的裁决书或者在人民法院的裁判文书生效后三个月内申请强制执行。

56. D 【解析】本题考查劳动争议的范围。用人单位之间、劳动者之间、用人单位与没有与之建立劳动关系的劳动者、国家机关与公务员之间产生的争议,都不属于劳动争议,选项 A 不符合题意。

劳动争议的内容必须与劳动权利义务有关，引起劳动争议的内容主要是劳动就业、劳动合同、劳动报酬、工作时间和休息时间、劳动安全与卫生、社会保险与福利、培训、奖惩等方面，选项B不符合题意。工伤认定的单位是社会保险行政部门，事业单位与其工作人员工伤认定产生的争议，不属于劳动争议，选项C不符合题意。

57. D 【解析】本题考查劳动争议诉讼当事人的确定。当事人双方不服劳动争议仲裁委员会做出的同一仲裁裁决，均向同一人民法院起诉的，先起诉的一方当事人为原告，但对双方的诉讼请求，人民法院应当一并做出裁决。选项A错误。用人单位招用尚未解除劳动合同的劳动者，原用人单位与劳动者发生的劳动争议，可以列新的用人单位为第三人。选项B错误。劳动者与起有字号的个体工商户产生的劳动争议诉讼，人民法院应当以营业执照上登记的字号为当事人，但应同时注明该字号业主的自然情况。选项C错误。

58. C 【解析】本题考查工伤保险的原则。工伤保险的原则有：（1）无过失责任原则；（2）损害补偿原则；（3）预防、补偿和康复相结合的原则。无过失责任原则：指劳动者在各种伤害事故中只要不是受害者本人故意行为所致，就应该按照规定标准对其进行伤害赔偿。题干所述为无过失责任原则。

59. C 【解析】本题考查失业保险的待遇。重新就业后，再次失业的，失业保险缴费时间重新算，领取失业保险金的期限与前次失业应当领取而尚未领取的失业保险金的期限合并计算，最长不超过24个月。

60. C 【解析】企业年金由国家宏观指导、企业内部决策执行，费用由企业和职工个人缴纳，企业缴费在工资总额4%以内的部分，可从成本中列支。

二、多项选择题

61. ABDE 【解析】本题考查目标管理的相关内容。实施目标管理时可以自上而下来设定目标，同时也包括自下而上的过程。所以选项C错误。

62. BCE 【解析】本题考查领导者的技能。领导者的技能包括技术技能、人际技能、概念技能三方面。

63. ABCD 【解析】本题考查职能制组织形式的缺点。职能制组织形式管理权力高度集中，便于高层领导对整个企业实施严格的控制。所以选项E不选。

64. ABC 【解析】本题考查战略性人力资源管理的三大工具。在人力资源管理计分卡的设计过程中，通常需要对以下三个因素及其相互之间关系进行量化处理：(1)各种人力资源管理活动(甄选测试以及培训的数量等)；(2)人力资源管理活动所产生的员工行为(如客户服务表现等)；(3)员工的行为所产生的公司战略后果及绩效(如客户满意度和利润率等)。

65. ABDE 【解析】本题考查人力资源需求小于供给时的组织对策。通常情况下，当一个组织面临人力资源需求小于人力资源供给的情形时，主要可以采取以下几种措施：(1)冻结雇用。(2)鼓励员工提前退休。(3)缩短每位现有员工的工作时间，采用工作分享的方式同时降低工资。(4)临时性解雇或永久性裁员。(5)对富余人员进行培训，为未来的发展做好人力资源储备，或者利用现有的人力资源开展新的项目或新的经营活动。

66. BCDE 【解析】本题考查人力资源需求小于供给时的组织对策。一方面临时性解雇或永久性裁员这种方法可能会受到国家法律方面的制约，还有可能会受到工会的质疑和挑战，因而需要付出较高的成本；另一方面，组织如果一贯采取这种方法，也会影响组织在劳动力市场上的形象，不利于组织未来人力资源招聘工作的开展。

67. BD 【解析】本题考查绩效管理在组织管理中的作用。良好的绩效管理在组织管理中的作用主要表现在：有助于组织内部的沟通、有助于管理者节约成本、有助于促进员工的自我发展、有助于建立和谐的组织文化、是实现组织战略的重要手段。因此选BD。

68. BCDE 【解析】本题考查绩效评价技术。使用行为观察量表法使主管人员单独考核工作量太大，不具有可操作性。

69. ABDE 【解析】本题考查股票期权的激励范围和对象。下列人员不得成为激励对象：(1)最近3年内被证券交易所公开谴责或宣布为不适当人选的；(2)最近3年内因重大违法违规行为被中国证监会予以行政处罚的；(3)具有我国《公司法》规定的不得担任公司董事、监事、高级管理人员情形的。

70. ABD 【解析】本题考查股票增值权作为股权激励模式的优点。选项C是股票期权的优点。选项E是限制性股票的优点。

71. ACDE 【解析】本题考查劳动关系的概念。政府的作用包括：劳动关系的规制者；劳动关系运行的监督者；劳动争议的重要调解仲裁者；劳动关系重大冲突的控制者；协调劳动关系制度和机制建设的推动者。

72. AB 【解析】本题考查收入分配制度。事业单位人员的岗位工资和薪级工资为基本工资。

73. CDE 【解析】本题考查劳动力市场政策。产业部门以各产业所使用的投入组合的特点为标志来划分的，可以分为劳动密集型产业、资本密集型产业、技术密集型产业以及知识密集型产业。

74. BCE 【解析】本题考查确定工资水平的实际因素。在现实生活中，影响工资水平确定的因素可归纳为：劳动者个人及其家庭所需的生活费用；同工同酬原则；企业的工资支付能力。

75. ABCE 【解析】本题考查季节性失业。选项D是技术性失业带来的影响。

76. ACD 【解析】本题考查特殊用工。B选项错误，应该是：督促用工单位依法为被派遣劳动者提供劳动保护和劳动安全卫生条件。用工单位支付加班费。选项E错误，用工单位支付加班费、绩效奖金，提供与工作岗位相关的福利待遇。

77. ACDE 【解析】本题考查劳动争议当事人和举证责任。诉讼活动中，依据《最高人民法院关于审理劳动争议案件适用法律若干问题的解释》的规定，因用人单位做出的开除、除名、辞退、解除劳动合同、减少劳动报酬、计算劳动者工作年限等决定而发生的劳动争议，用人单位负举证责任。

78. ACD 【解析】本题考查社会保险法律关系的概念。企业年金不是社会保险，所以选项B错误；选项E错在"商业保险"。

79. BCD 【解析】本题考查劳动争议仲裁程序。仲裁时效中断：(1)一方当事人通过协商、申请调解等方式向对方当事人主张权利的；(2)一方当事人通过向有关部门投诉，向仲裁委员会申请仲裁，向人民法院起诉或者申请支付令等方式请求权利救济的；(3)对方当事人同意履行义务的。

80. ABD 【解析】本题考查工伤认定范围。有下列情形之一的应当认定为工伤：(1)在工作时间和工作场所内，因工作原因受到事故伤害的；(2)工作时间前后在工作场所内，从事与工作有关的预备性或者收尾性工作受到事故伤害的；(3)在工作时间和工作场所内，因履行工作职责受到暴力等意外伤害的；(4)患职业病的；(5)因工外出期间，由于工作原因受到伤害或者发生事故下落不明的；(6)在上下班途中，受到非本人主要责任的交通事故或者城市轨道交通、客运轮渡、火车事故伤害的；(7)其他情形。

三、案例分析题

(一)

81. B 【解析】本题考查参与管理。从题干中"鼓励员工积极表达自己的想法，并采纳了员工很多好的想法"可以看出借鉴的是参与管理的领导风格。

82. AD 【解析】本题考查参与管理。参与管理有许多种形式，如共同设定目标，集体解决问题，直接参与工作决策，参与咨询委员会，参与政策制定小组，参与新员工甄选等。质量监督小组是一种常见的参与管理的模式。所以本题选AD。

83. BC 【解析】本题考查参与管理有效实施的条件。推行参与管理要有成效必须符合的条件有：在行动前，要有充裕的时间来进行参与；员工参与的问题必须与其自身利益相关；员工必须具有参与的能力，如智力、知识技术沟通技巧等；参与不应使员工和管理者的地位和权力受到威胁；组

84. AB 【解析】本题考查参与管理。参与管理同许多激励理论有密切关系，比如它符合双因素理论的主张，即提高工作本身的激励作用，给予员工成长、承担责任和参与决策的机会；同样从ERG理论来看，参与管理也有助于满足员工对责任、成就感、认同感、成长以及自尊的需要。所以本题选AB。

(二)

85. B 【解析】本题考查组织设计的类型。创业时的H公司，只生产风扇，需要的是当机立断的决策机制。当时采用直线式管理简单直接、环节清晰。总裁一天到晚忙得焦头烂额，表明领导负担重。这些说明创业时的H公司所采取的组织设计类型是职能制。

86. BCD 【解析】本题考查职能制的适用范围。职能制的组织形式在简单/静态的环境中效果较好。所以选项A错误。

87. ABC 【解析】本题考查事业部制组织形式的适用范围。事业部制组织形式的缺点之一是会增加费用和管理成本，所以选项D错误。

88. AC 【解析】本题考查事业部制组织形式的特点。事业部之间不是因为相互协调而增强了企业的活力，而是因为事业部之间的相互比较和竞争才增强了企业的活力。故选项B错误。选项D错在事业部不需要得到集团对经营活动更具体的指导，因为其是独立运行，自负盈亏的。因而选项D也是错误的。

(三)

89. A 【解析】本题考查德尔菲法。选项A错误，德尔菲法不采用集体讨论的做法，而是匿名进行。

90. ABD 【解析】本题考查德尔菲法。在实施德尔菲法时需要注意的问题包括：(1)专家的人数不能太少，至少要达到20~30人。(2)专家的挑选要有代表性。(3)问题的设计要合理。(4)向专家提供的资料和信息要相对充分。

91. B 【解析】本题考查人力资源需求预测的主要方法。从预测方法来说，在对人力资源需求进行预测时，主观判断法包括经验判断法和德尔菲法。

92. ABD 【解析】本题考查人力资源需求小于供给时的组织对策。通常情况下，当一个组织面临人力资源需求小于人力资源供给的情形时，主要可以采取以下几种措施：(1)冻结雇用。(2)鼓励员工提前退休。(3)缩短每位现有员工的工作时间，采用工作分享的方式同时降低工资。(4)临时性解雇或永久性裁员。(5)对富余人员进行培训，为未来的发展做好人力资源储备，或者利用现有的人力资源开展新的项目或新的经营活动。

(四)

93. AB 【解析】本题考查劳动力市场均衡。在劳动力市场均衡状态下，既不存在失业，也不存在劳动力短缺。劳动力市场均衡不是绝对的，劳动力供给和劳动力需求之中的任何一种力量发生变化，或者两者同时发生变化，都会导致旧的劳动力市场均衡被打破，新的劳动力市场均衡被建立起来。所以选项C、D错误。

94. BCD 【解析】本题考查劳动力市场均衡与非均衡。如果企业支付低于通行市场工资率，则会雇不到人。所以选项A不选。

95. ABD 【解析】本题考查劳动力市场非均衡的相关知识。选项C说法没有依据。

96. ACD 【解析】本题考查劳动力市场流动的供给方遇到的摩擦力。选项B错误，这不是人为限制的结果。

(五)

97. B 【解析】本题考查非全日制用工的规定。从事非全日制用工的劳动者可以与一个或者一个以上用人单位订立劳动合同；但是，后订立的劳动合同不得影响先订立的劳动合同的履行。非全日制用工双方当事人可以订立口头协议。所以选项A、C、D错误。

98. B 【解析】本题考查非全日制用工的规定。非全日制用工以小时计酬为主。非全日制用工小时计酬标准不得低于用人单位所在地人民政府规定的最低小时工资标准。所以选项 A、C、D 错误。

99. BC 【解析】本题考查非全日制用工的规定。非全日制用工双方当事人任何一方都可以随时通知对方终止用工。终止用工，用人单位不向劳动者支付经济补偿。

100. B 【解析】本题考查非全日制用工的概念。非全日制用工是指以小时计酬为主，劳动者在同一用人单位一般平均每日工作时间不超过 4 小时，每周工作时间累计不超过 24 小时的用工形式。

最后冲刺套题（四）参考答案及详细解析

一、单项选择题

1. D 【解析】本题考查需要层次理论。马斯洛需要层次理论认为：人具有五种主要的需要，按照从低到高的顺序分别为：生理需要、安全需要、归属和爱的需要、尊重的需要、自我实现的需要。前三个层级为基本需要，后两个层级为高级需要，前三层需要的满足主要靠外部条件和因素，后两层需要的满足主要靠内在因素。

2. C 【解析】本题考查绩效薪金制与期望理论的关系。绩效薪金制同期望理论关系比较密切。期望理论认为如果要使激励作用达到最大化，应该让员工相信绩效和报酬之间存在紧密的关系，而绩效薪金制就可以使员工的报酬与其绩效直接挂钩。

3. C 【解析】本题考查领导的影响力。领导的影响力主要来源于组织的正式任命。

4. C 【解析】本题考查特质理论。吉伯认为卓越的领导必须具备以下特质：身强力壮，聪明但不过分聪明，外向有支配欲，有良好的调适能力，自信。

5. B 【解析】本题考查路径—目标理论的相关内容。根据路径—目标理论，支持型领导努力建立舒适的工作环境，亲切友善，关心下属的要求。

6. B 【解析】本题考查组织结构包含的三个要素。组织结构主要包含三个要素：复杂性、规范性、集权度。其中复杂性指任务分工的层次、细致程度。因此选项 B 正确。

7. B 【解析】本题考查管理方格图的类型。管理方格理论中，坐标位置为(1, 9)的领导风格称为"乡村俱乐部"风格，(1, 1)称为"无为而治"风格，(9, 1)称为"任务"领导风格，(5, 5)称为"中庸式"领导风格，(9, 9)既关心任务，又关心人，被认为是最理想的领导风格。

8. C 【解析】本题考查组织结构。组织结构体系包括：(1)职能结构：达到企业目标所需完成的各项业务工作，及其比例和关系；(2)层次结构：又称纵向结构，各管理层次的构成；(3)部门结构：又称横向结构，各管理部门的构成；(4)职权结构：各管理层次、部门在权力和责任方面的分工和相互关系。

9. A 【解析】本题考查战略性人力资源管理的概念。战略性人力资源管理中的核心概念是战略匹配或战略契合。

10. B 【解析】本题考查战略规划的主要任务。在 SWOT 分析中，外部分析是指通过考察组织的运营环境，分析组织所面临的各种战略机会以及所受到的各种威胁。

11. D 【解析】本题考查组织文化的功能。组织文化的功能包括：导向和规范作用、凝聚和激励作用、创新和辐射作用。

12. A 【解析】本题考查人力资源战略及其与战略的匹配。成长战略是一种关注市场开发、产品开发、创新以及合并等内容的战略。

13. D 【解析】本题考查战略性人力资源管理的过程。选项 A 为界定组织的经营战略，组织需要回答的问题；选项 B 为描述组织的价值链，组织需要回答的问题；选项 C 为设计战略地图，组织需要回答的问题。

14. D 【解析】本题考查经验判断法。经验判断法主要是凭借管理者的主观感觉和经验来进行人力资源需求预测，因此它主要适用于短期预测，以及那些规模较小或经营环境相对稳定、人员流动率不是很高的企业。

15. B 【解析】本题考查比率分析法。比率分析法是一种基于某种关键的经营或管理指标与组织的人力资源需求量之间的固定比率关系，来预测未来人力资源需求的方法。

最后冲刺套题（四）参考答案及详细解析

16. A 【解析】本题考查人力资源供求平衡的方法分析。自然减员方法的特点是速度慢，员工受伤害的程度低。

17. C 【解析】本题考查人力资源供求平衡的方法分析。选项 A、B 属于速度快、员工受伤害程度高的方法，选项 D 属于速度慢、员工受伤害程度低的方法。

18. C 【解析】本题考查人力资源供给预测的主要方法。人员替换法主要强调了从组织内部选拔合适的候选人担任相关职位尤其是更高一级职位的做法，它有利于激励员工士气，降低招聘成本，同时还能为未来的职位填补需要提前做好候选人的准备。

19. B 【解析】本题考查履历分析。履历分析技术的最基本假设是一个人的行为具有一致性。

20. B 【解析】本题考查人格测试。自陈量表法是对人格进行测量的方法之一。

21. B 【解析】本题考查内容效度。内容效度是指一项测试的内容与测试所要达到的目标之间的相关程度，即一项测试的内容能够代表它所要测量的主题或特质的程度。

22. D 【解析】本题考查无领导小组讨论。资源争夺性问题适用于指定角色的无领导小组讨论，它是让处于同等地位的被测试者就有限的资源进行分配，从而考察被测试者分析问题的能力、逻辑思维能力、语言表达能力、辩论以及说服他人的能力、反应的灵活性等。

23. D 【解析】本题考查行为观察量表法的定义。行为观察量表列举出评估指标（通常是期望员工工作中出现的比较好的行为），然后要求评估人在观察的基础上将员工的工作行为同评价标准进行对照，看该行为出现的频率或完成的程度如何的评估方法。

24. C 【解析】本题考查战略性绩效管理。采用成本领先战略的企业在绩效考核中，应选取以结果为导向的评价方法，绩效考核周期也不宜过短，因为频繁的考核会增加组织的管理成本，选项 A、B 错误。采用差异化战略的企业在绩效考核中，应选取以行为为导向的评价方法，选项 D 错误。

25. C 【解析】本题考查六西格玛管理。六西格玛管理通过使用统计工具来分析影响流程的要素，进而改进流程，控制错误和废品的增加。

26. B 【解析】本题考查绩效监控的概念。绩效监控指的是在绩效考核期间内管理者为了掌握下属的工作绩效情况而进行的一系列活动。绩效监控通过管理者和员工持续的沟通、观测、预防或解决绩效周期内可能存在的问题，更好地完成绩效计划。

27. D 【解析】本题考查股票期权的有效期。股票期权的有效期是从股票期权授予之日起至所有股票期权行权或注销完毕之日止，从授权日计算不得超过 10 年，在股票期权有效期内，上市公司应当规定激励对象分期行权。

28. D 【解析】本题考查绩效改进的概念。绩效改进是指通过找出组织或员工工作绩效中的差距，制订并实施有针对性的改进计划来提高员工绩效水平的过程。

29. A 【解析】本题考查年薪制的概念。年薪制是指以企业会计年度为时间单位，根据经营者的业绩好坏而计发薪酬的一种薪酬制度。

30. C 【解析】本题考查销售人员的薪酬。企业在进行销售人员薪酬制度的选择时，一般取决于企业自身所处的行业及产品特点，如保险行业、饮食行业等对销售人员的薪酬设计大多是"高佣金加低基本薪酬"的薪酬制度，所以选项 C 正确。

31. A 【解析】本题考查培训与开发效果的评估内容。反应评估易于进行，是最基本、最常用的评估方式。

32. D 【解析】本题考查劳动关系的主体。工会的划分方式主要有以下两种，即按工会的组织结构形式划分为职业工会、产业工会、总工会；按工会的层级划分为企业工会、区域性（或地方性）工会、全国性工会。

33. A 【解析】本题考查培训与开发效果的评估方法。问卷调查法是常用的培训与开发效果的评估方法。

34. D 【解析】本题考查人力资源市场建设。人力资源服务机构应当建立服务台账，如实记录服务对象、服务过程、服务结果等信息，服务台账应当保存 2 年以上。

35. C 【解析】本题考查近年来养老保险制度改革。对选择500元及以上档次标准缴费的，补贴标准不低于每人每年60元。

36. C 【解析】本题考查近年来养老保险制度改革。单位缴纳基本养老保险费的比例为本单位工资总额的20%，个人缴纳基本养老保险费的比例为本人缴费工资的8%，由单位代扣。

37. C 【解析】本题考查效率工资。企业之所以愿意支付高工资，而不仅仅是市场通行工资率，一个基本假设就是高工资往往能够带来高生产率。

38. D 【解析】本题考查劳动力供给。劳动力供给数量方面的因素主要取决于人口总量、劳动力参与率及劳动者的平均周工作时间三个因素。

39. A 【解析】本题考查劳动力供给的经济周期。附加的劳动者效应体现了劳动力供给的经济周期特点。

40. D 【解析】本题考查灰心丧气的劳动者效应。在经济衰退时期，灰心丧气的劳动者效应比较强，并且占据着主导地位。

41. D 【解析】本题考查失业率统计。失业率=失业人数/(失业人数+就业人数)，一部分失业者在经过相关技能培训后重新就业，相当于就业人数增加，所以会使失业率下降。

42. B 【解析】本题考查工资水平。在任何讨价还价的场合下，雇主所能支付的最高工资水平可以被估算出来，它取决于企业的经济实力、竞争能力和由于劳动力费用增长而使企业进行贸易活动所要承担的风险。

43. A 【解析】本题考查工资水平。通常情况下，在那些规模较大的企业中工作的员工，其工资随着经验的增加而增长的速度也要快得多。但并不是大企业一定会支付较高水平的工资。

44. D 【解析】本题考查工资差别概念的界定。工资差别不可能消除，所以选项D错误。

45. A 【解析】本题考查失业的类型。摩擦性失业、结构性失业以及季节性失业均属于竞争性劳动力市场上的一种不可避免的较低水平的失业，即正常性的失业。这也就是美国经济学家弗里德曼所说的"自然失业率"，即劳动力市场处于均衡状态时的失业率。

46. C 【解析】本题考查人力资本投资。在人力资本投资模型中，r表示利息率，只要r为正值，未来收入将会被进行累进贴现，r越大，则未来收入的现值就越低。相反，现值一定，r越大，未来收益越多。

47. A 【解析】本题考查高等教育投资决策。经济衰退期，高中毕业生不仅找到工作的可能性更小，而且即使找到工作之后所能够赚得的收入更低，这样就会使上学的机会成本下降，从而有更大比例的高中毕业生愿意上大学。

48. D 【解析】本题考查影响劳动力流动的因素。从经济学的角度来说，劳动者在一个组织中的心理成本过高或者是心理收益太低，也会成为导致员工流失的一个重要因素。

49. C 【解析】本题考查在职培训。在职培训包括一般培训和特殊培训。一般培训使劳动者对于所有企业的劳动生产率都有所提高，而特殊培训只使劳动者对提供培训的企业的劳动生产率有所提高。在实际中，很难将两种训练内容严格区分开来，选项D错误。在职员工参加培训，有的需要全脱产，有的需要半脱产，还有一些培训是业余时间进行的，选项A、B错误。

50. B 【解析】本题考查《中华人民共和国社会保险法》的基本内容。在中国境内就业的外国人，应当参照《中华人民共和国社会保险法》规定参加我国的社会保险。

51. D 【解析】本题考查劳动合同履行的原则。劳动合同双方当事人在任何时候都应履行劳动合同约定的全部义务，体现了全面履行原则。

52. A 【解析】本题考查劳动合同的解除。用人单位单方解除劳动合同，应当事先将理由通知工会。

53. A 【解析】本题考查劳动争议处理原则的合法原则的含义。合法的原则要求在处理劳动争议时，劳动争议调解委员会、劳动人事争议仲裁委员会、人民法院都要查明事实真相，准确适用法律、公正合法处理劳动争议。

54. A 【解析】本题考查劳务派遣单位与用工单位解除劳动合同的权利。劳务派遣单位违法解除或者终止被派遣劳动者的劳动合同的，应当依照《劳动合同法》规定的经济补偿标准的2倍向劳动者支付赔偿金。

55. A 【解析】本题考查仲裁案卷。仲裁调解和其他方式结案的案卷，保存期不少于5年；仲裁裁决结案的案卷，保存期不少于10年。

56. C 【解析】本题考查劳动争议诉讼。人民法院在不予执行的裁定书中，应当告知当事人在收到裁定书之次日起30日内，可以就该劳动争议事项向人民法院起诉。

57. B 【解析】本题考查退休年龄的相关规定。因病或非因工致残，由医院证明并经劳动鉴定委员会确认完全丧失劳动能力的，退休年龄为男年满50周岁，女年满45周岁。

58. C 【解析】本题考查工伤待遇。生活不能自理的工伤职工在停工留薪期内需要护理的，由所在单位负责。

59. D 【解析】本题考查工伤保险。工伤保险费根据以支定收、收支平衡的原则，确定费率。

60. C 【解析】本题考查劳动监察。劳动监察的专门性：劳动监察是由法定的专门机关对劳动和社会保险法律法规的实施情况进行的监督检查。

二、多项选择题

61. BC 【解析】本题考查马斯洛的需要层次理论。已获得基本满足的需要不再具有激励作用，所以选项B错误；基本需要主要靠外部条件满足，高级需要主要靠内在因素满足，所以选项C错误。

62. ABD 【解析】本题考查明茨伯格的决策过程。明茨伯格认为决策过程有三个阶段，依次是确认阶段、发展阶段、选择阶段。

63. ABD 【解析】本题考查矩阵组织形式。选项C、E说法错误，矩阵组织形式的组织稳定性较差，机构相对臃肿，用人较多。

64. BCD 【解析】本题考查人力资源管理与战略执行。人力资源管理对工作任务设计、人员的甄选、报酬系统三个基本变量负有主要责任。

65. ABDE 【解析】本题考查人力资源战略与人力资源管理实践选择。人力资源管理实践中，劳资关系与员工关系的备选内容包括：集体谈判/个人谈判；自上而下的决策/员工参与决策；正规的既定程序/无正规的既定程序；将员工看成是费用支付项目/将员工看成是财富。选项C属于绩效管理的备选内容。

66. BCDE 【解析】本题考查人力资源需求预测。德尔菲法的优点：(1)吸取和综合了众多专家的意见，避免了个人预测的片面性；(2)不采用集体讨论的方式，而且匿名进行，可以使专家独立地作出判断，避免了从众的行为，同时也避免了专家们必须在一起开会的麻烦；(3)采取多轮预测的方法，具有较高的准确性。

67. ABDE 【解析】本题考查职业兴趣类型。社会型的人适合从事社会、教育、咨询等方面的工作，所以选项C错误。

68. ABCD 【解析】本题考查有效的绩效管理的特征。绩效管理体系的建立和维护成本要小于绩效管理体系带来的收益，选项E说法错误。

69. ABDE 【解析】本题考查目标管理法的优势。作为被广泛应用的绩效考核方法，目标管理法存在很多优势：(1)有效性；(2)目标管理法启发了员工的自觉性，调动了员工的积极性；(3)目标管理法的实施过程比关键指标法和平衡计分卡法更易操作；(4)目标管理法较为公平。目标管理法的劣势之一是倾向于聚焦短期目标，故选项C错误。

70. BCDE 【解析】本题考查年薪制。年薪制模型一般由四个部分构成：基本薪酬、奖金、长期奖励、福利津贴。

71. ABC 【解析】本题考查培训与开发效果中的结果评估。结果评估指标包括硬指标和软指标，硬指标包括产出、质量、成本、时间等四大类，易被衡量和量化，容易被转化为货币价值，而且评价也更为客观。选项 D、E 属于软指标。

72. CD 【解析】本题考查劳动关系系统运行。劳动关系系统的运行有两种功能,即动力功能和约束功能。

73. CDE 【解析】本题考查长期劳动力需求。在长期内,工资率上升的替代效应和规模效应都使劳动力需求减少,因此选项 C、D、E 正确。

74. BCDE 【解析】本题考查工资水平。在最初阶段,提高工资可能会有助于生产率的提高从而增加企业的利润,但是在过某个点以后,继续提高工资给企业所带来的成本就会超过它所带来的收益;所以选项 A 错误。

75. AB 【解析】本题考查技术性失业的形成原因。技术性失业的形成原因:先进的科学技术(包括先进的机器设备、生产方法)以及经营管理方式等通过提高劳动生产率取代了一部分劳动力,从而造成了技术性失业。选项 C 为季节性失业,选项 D 为摩擦性失业,选项 E 为周期性失业。

76. ABDE 【解析】本题考查教育投资的社会收益。教育投资会降低社会以及经济中的交易费用,提高市场效率,所以 C 错误。

77. CD 【解析】本题考查在职培训的机会成本。选项 A、B、E 属于直接成本。

78. ABD 【解析】本题考查竞业限制。竞业限制的人员限于用人单位的高级管理人员、高级技术人员和其他负有保密义务的人员。

79. ACE 【解析】本题考查企业补充保险。符合下列条件的企业可以建立企业年金:(1)依法参加基本养老保险并履行缴费义务;(2)具有相应的经济负担能力;(3)已建立集体协商机制。

80. BDE 【解析】本题考查劳务派遣用工单位应承担的法定义务。劳务派遣用工单位不得向被派遣劳动者收取费用。劳务派遣单位不能以非全日制用工形式招用被派遣劳动者。

三、案例分析题

(一)

81. CD 【解析】本题考查需要层次理论。尊重的需要包括内在的尊重,如自尊心、自主权、成就感等需要;以及外在的尊重,如地位、认同、受重视等需要。自我实现的需要,包括个人成长、发挥个人潜能、实现个人理想的需要。

82. A 【解析】本题考查双因素理论的内容。双因素理论分为激励因素和保健因素。激励因素是指成就感、别人的认可、工作性质、责任和晋升等因素;保健因素是指组织政策、监督方式、人际关系、工作环境和工资等因素。导致小李不满的因素是保健因素中的组织政策。

83. A 【解析】本题考查恢复公平的方法。感到不公平的员工可以采用以下方式来恢复公平感:改变自己的投入或产出,改变对照者的投入或产出,改变对投入或产出的知觉,改变参照对象及辞职。小李的行为属于改变自己的投入或产出,即感到报酬不足降低自己工作努力程度或要求加薪。

84. B 【解析】本题考查目标管理的要素。参与决策指在制定工作目标时,要求涉及目标的所有群体共同制定目标,并共同规定如何衡量目标的实现程度,而不是由上级单方面地制定下级的工作目标。

(二)

85. C 【解析】本题考查组织文化的类型。棒球队型组织鼓励冒险和革新,招聘时从各个年龄和经验层次的人中寻求有才能的人;薪酬制度以员工绩效水平为标准;由于这种组织对工作出色的员工给予巨额奖酬和较大的自由度,员工一般都拼命工作。

86. D 【解析】本题考查组织设计的类型。团队结构形式的主要特点:打破部门界限并把决策权下放到工作团队成员手中。

87. B 【解析】本题考查组织变革的方法。以结构为中心的变革包括重新划分和合并新的部门,调整管理层次和管理幅度,任免责任人,明确责任和权力等。

88. BC 【解析】本题考查组织文化与组织设计。如果企业想鼓励创新、开放的组织文化,就需要降低组织的制度化程度和规范化程度,选项 A 说法错误;企业希望有一种冒险、创新的组织文化,则绩效评估体系应将重点放在评价创新的努力上,而不应该建立强调等级差异的绩效评估体系,选项 D 说法错误。

(三)

89. C 【解析】本题考查职业兴趣类型理论。根据霍兰德的职业兴趣类型理论,结合案例中他们各自的行为表现,可知麦克属于艺术型,汉斯属于现实型,白文莉属于社会型。

90. A 【解析】本题考查职业生涯锚的类型。根据埃德加·施恩的职业生涯锚类型,结合案例中他们各自的行为表现,可知麦克属于自主独立型;汉斯属于技术/职能型;白文莉属于管理能力型。

91. C 【解析】本题考查职业生涯锚的类型。在埃德加·施恩的职业生涯锚类型中管理能力型具有分析能力、人际沟通能力和情绪控制能力强强组合的特点。案例中白文莉属于管理能力型的,选项 C 正确。

92. ABC 【解析】本题考查职业生涯锚的相关内容。选项 A 属于职业生涯锚的特点,选项 B 属于职业生涯锚的作用,选项 C 属于职业生涯锚的内容。选项 D,职业生涯锚不可能根据各种测试提前进行预测。

(四)

93. ABD 【解析】本题考查劳务派遣的相关规定。选项 C,乙劳务派遣公司与被派遣劳动者订立的劳动合同不能代替劳务派遣协议。

94. D 【解析】本题考查经营劳务派遣业务的条件。经营劳务派遣业务,应当向劳动行政部门依法申请行政许可,未经许可,任何单位和个人不得经营劳务派遣业务。

95. ACD 【解析】本题考查劳务派遣的适用范围。劳务派遣用工只能在临时性、辅助性或替代性的工作岗位上实施。

96. B 【解析】本题考查修改《劳动合同法》决定的过渡事项规定。2012 年 12 月 2 日前已依法订立的劳动合同和劳务派遣协议继续履行至期限届满,但是劳动合同和劳务派遣协议的内容不符合修改《劳动合同法》决定关于按照同工同酬原则实行相同的劳动报酬分配办法的规定的,应当依照决定进行调整;决定施行前经营劳务派遣业务的单位,应当在决定施行之日起一年内依法取得行政许可并办理公司变更登记,方可经营新的劳务派遣业务。

(五)

97. A 【解析】本题考查劳动合同。选项 B,根据法律规定,每日工作 8 小时,每周工作 5 天;选项 C,合同履行期间发生伤残,公司应负责;选项 D,应享受年休假。

98. C 【解析】本题考查工伤的认定。在工作时间和工作场所内,因工作原因受到事故伤害的,应认定为工伤。

99. BC 【解析】本题考查工伤认定。劳动争议仲裁委员会无权对王某所受伤做出工伤认定,可以向社会保险行政部门申请工伤认定。

100. A 【解析】本题考查终止劳动合同的经济补偿。不满 6 个月的,按向劳动者支付半个月工资的标准向劳动者支付经济补偿。

最后冲刺套题(五)参考答案及详细解析

一、单项选择题

1. B 【解析】本题考查马斯洛的需要层次理论。马斯洛认为人的需要由低到高分为五种类型：生理需要、安全需要、归属和爱的需要、尊重需要、自我实现的需要。其中，归属和爱的需要包括情感、归属、被接纳、友谊等需要。

2. C 【解析】本题考查特质理论的缺陷。特质理论忽视了情境因素；特质理论没有考虑到工作的结构性、领导权力的大小等情境因素的影响，因此不能解释为什么具有不同特质的领导在各自的组织中都可以工作得非常出色。

3. C 【解析】本题考查领导者的技能。人际技能是有效地与他人共事和建立团队合作的能力，组织中任何层次的领导者都不能逃避有效人际技能的要求。

4. D 【解析】本题考查路径—目标理论。罗伯特·豪斯确定了四种领导行为，其中成就取向式领导是指设定挑战性目标、鼓励下属实现自己的最佳水平。

5. A 【解析】本题考查理性决策模型。根据理性模型，决策者的特征有：(1)从目标意义上分析，决策完全理性；(2)存在完整和一致的偏好系统，使决策者在不同的备选方案中进行选择；(3)决策者可以知道所有备选方案；(4)对计算复杂性无限制，可以通过计算选择出最佳备选方案；(5)对于概率的计算不存在任何困难。选项B、C、D属于有限理性模型的特点。

6. D 【解析】本题考查组织结构。组织结构又可称为权责结构，选项D错误。

7. C 【解析】本题考查职能制。职能制的主要特点有：职能分工、直线—参谋制和管理权力高度集中。

8. C 【解析】本题考查组织文化的类型。棒球队型组织鼓励冒险和革新。

9. B 【解析】本题考查组织结构的特征因素。选项B，企业规模属于组织结构的权变因素，不是特征因素。

10. A 【解析】本题考查战略的层次。组织战略层次主要回答到哪里去竞争的问题，即做出组织应该选择经营何种业务以及进入何种行业或领域的决策。

11. C 【解析】本题考查人力资源管理与战略规划之间的联系。双向联系允许组织在整个战略规划过程中都将人力资源问题考虑在内。

12. A 【解析】本题考查人力资源战略与不同竞争战略的匹配。成本领先战略实际上就是低成本战略，即在产品本身的质量大体相同的情况下，组织以低于竞争对手的价格向客户提供产品的一种竞争战略。

13. B 【解析】本题考查高绩效工作系统。高绩效工作系统与更低的员工流动率和工伤事故，更高的生产率、客户满意度，以及更好的财务绩效等是联系在一起的。

14. B 【解析】本题考查人力资源规划的步骤。组织的战略规划先于人力资源规划，人力资源信息一方面来源于组织的人力资源信息系统，另一方面来源于职务分析工作。在人力资源规划中最为关键性的一环是对人力资源需求与供给的预测，预测的质量决定着人力资源规划的价值，所以选项B正确。

15. C 【解析】本题考查人力资源供给预测的主要方法。人员替换法主要强调了从组织内部选拔合适的候选人担任相关岗位尤其是更高一级职位的做法，它有利于激励员工士气，降低招聘成本，同时还能为未来的职位填补需要提前做好候选人的准备。

16. C 【解析】本题考查人力资源供求平衡的方法分析。选项A、B属于见效速度快、可撤回程度高的方法;选项 D 属于见效速度慢、可撤回程度低的方法。

17. B 【解析】本题考查甄选的可靠性与有效性。只有当一种甄选工具达到可靠和有效的时候,才有可能是合格的。从这方面来说,任何一种甄选方法都应当达到一定的信度和效度,其中信度是效度的必要条件(但不是充分条件)。

18. D 【解析】本题考查人格测验中的投射法。投射法由主试呈现一组未经组织的刺激材料,内容模糊的图片或绘画等,让应聘者在不受限制的条件下,尽量发挥想象力,描述自己从图片中看到的内容,使其不知不觉地将自己的感情、欲望、思想投射在其中,从而了解应聘者的人格。所以选项 A、B 错误。投射方法可以避免人员选拔过程中的社会称许性问题,主要测试的是成就动机等深层次的个体特征。所以选项 C 错误,选项 D 正确。

19. A 【解析】本题考查人格测试。评价量表法首先提供一组描述人的个性或特质的词或句子,然后让其他人通过对被测试者的观察,对被测试者的人格或特质作出评价。

20. C 【解析】本题考查人格测试。投射法首先向被测试者提供一些未经组织的刺激情境,然后让被测试者在不受限制的情境下自由表现出自己的反应。

21. C 【解析】本题考查适用于不同竞争态势战略的绩效管理。在绩效考核方法的选择上,跟随者可以考虑选择标杆超越法,通过树立标杆组织来确定绩效指标和衡量标准,在考核主体的选择上也要尽量多元化。

22. A 【解析】本题考查绩效计划的概念。绩效计划是绩效管理的第一个环节,也是绩效管理过程的起点。

23. C 【解析】本题考查强制分布法的作用。当一个企业实行末位淘汰机制时,强制分布法能很快鉴别出哪些员工应当被淘汰,这从一个侧面也会对员工起到鞭策和激励作用。

24. C 【解析】本题考查刻板印象。刻板印象指个人对他人的看法,往往受到他人所属群体的影响。

25. A 【解析】本题考查跨部门的团队绩效考核。选项 B,跨部门团队的绩效考核要以人为单位开展;选项 C,跨部门团队的绩效考核中,各部门要建立相同的考核标准;选项 D,矩阵形式的组织结构适宜采用跨部门团队的绩效考核。

26. A 【解析】本题考查战略性薪酬管理。采取成本领先战略的企业往往追求的是效率最大化、成本最小化。在薪酬水平方面比竞争对手的薪酬相对较低,在薪酬结构方面奖金部分所占的比例相对较大。

27. C 【解析】本题考查股票期权的行权价格。股票期权行权价格的确定分为三种,即实值法、平值法和虚值法。在我国,《上市公司股权激励管理办法(试行)》采用了平值法。

28. B 【解析】本题考查企业人工成本。人工成本结构指标是指人工成本各组成部分占人工成本总额的比例,反映了企业人工成本的构成情况与合理性。

29. B 【解析】本题考查销售人员薪酬。基本薪酬加佣金制:销售人员的薪酬由每月的基本薪酬和按销售业绩提取的佣金组成。

30. D 【解析】本题考查职业生涯管理的相关内容。选项 D,职业生涯管理是指组织和员工个人共同对员工职业生涯进行设计、规划、执行、评估和反馈的一个综合性过程。

31. D 【解析】本题考查劳动争议的范围。劳动争议又称劳动纠纷,是指劳动关系当事人之间因劳动权利和义务产生分歧而引起的争议。选项 A、B、C 均不属于劳动争议的情形。

32. A 【解析】本题考查培训与开发效果的评估内容。行为评价量表是行为评估中最常用的方法,选项 B 错误;工作行为评估的重点是评价培训与开发是否带来了受训人员行为上的改变,选项 C 错误;结果如何是组织进行培训与开发效果评估的最重要内容,是最具说服力的评价指标,也是组织高管层最关心的评估内容,选项 D 错误。

33. C 【解析】本题考查劳动关系的类型。按照劳动关系双方力量对比等因素来划分劳动关系类型,可以将劳动关系分为均衡型(相互制衡)、倾斜型(资方主导)和政府主导型。

34. A 【解析】本题考查劳动关系的运行。劳动关系系统的运行有两种基本形式,即劳动关系的冲突和合作。冲突与合作是劳动关系系统运行中的一对矛盾,冲突和合作在劳动关系系统运行中会交替出现,而运行的基本方向则是劳动关系的合作。

35. D 【解析】本题考查企业年金。月平均工资超过职工工作地所在设区城市上一年度职工月平均工资300%以上的部分,不计入个人缴费工资计税基数。

36. D 【解析】本题考查专业技术人员继续教育。专业技术人员参加继续教育的时间,每年累计应不少于90学时;专业科目一般不少于总学时的2/3。

37. B 【解析】本题考查劳动力参与率。劳动力参与率主要是指就业人口与失业人口之和在16岁以上人口中所占的比例;或者实际劳动人口与潜在劳动力人口的比例。(5+1)/8×100%=75%。

38. A 【解析】本题考查工资率变化产生的收入效应。工资率提高对劳动力供给产生的收入效应导致劳动力供给时间减少。

39. A 【解析】本题考查劳动力供给弹性的相关内容。该国工资率变动百分比=(15-10)/10=50%,则供给弹性=40%/50%=0.8,劳动力供给弹性小于1,所以该国劳动力供给曲线缺乏弹性。

40. A 【解析】本题考查总互补关系的概念。如果两种劳动力的交叉工资弹性为负值,则意味着一种劳动力的工资率提高会促使另一种劳动力的就业量减少,这说明两者之间是一种总互补关系。

41. B 【解析】本题考查工资差别。工资差别的存在同市场经济中价格差别的存在一样,具有在整个社会范围内不断重新配置资源的功能,它会激励劳动者从低生产率的工作岗位、企业、职业、行业或产业部门甚至国家向高生产率的地方转移,从而优化劳动力资源配置效率,这对于社会经济的发展具有积极的作用。

42. C 【解析】本题考查不同职业之间工资差别形成的原因。竞争性工资差别又称技能性差别。

43. A 【解析】本题考查劳动力市场歧视。两种性别的劳动力在各种职业中分布是完全相同的,则差异指数为零。

44. B 【解析】本题考查中国的失业率统计问题。我国在统计失业率时,所应用的指标是城镇登记失业率。

45. D 【解析】本题考查美国的失业统计具有的特点。美国的失业统计具有的特点包括:(1)抽样技术全国一致,连续多年,具有很强的可比性;(2)在开展调查和发表数据报告之间的时间间隔很短,信息的时效性很高;(3)失业率数据非常详细。

46. B 【解析】本题考查人力资本投资理论的发展及其意义。人力资本投资的重点在于它的未来导向性。通常情况下,这些投资所产生的利益会在相当一段时期内持续不断地出现,而其成本则发生在目前。

47. C 【解析】本题考查人力资本投资理论的发展及其意义。人力资本投资的重点在于它的未来导向性。

48. C 【解析】本题考查人力资本投资模型的假定。人力资本投资模型假定,人们在进行教育和培训选择时都是以终身收入为依据来对近期的投资成本和未来的收益现值之间进行比较。

49. B 【解析】本题考查在职培训的相关内容。就市场而言,接受正规学校教育年数越多的人,接受在职培训的可能性就会越多。

50. C 【解析】本题考查劳动合同履行的原则。劳动合同履行地与用人单位注册地不一致的,有关劳动者的最低工资标准、劳动保护、劳动条件、职业危害防护和本地区上年度职工月平均工资标准等事项,执行劳动合同履行地的有关规定。

51. A 【解析】本题考查社会保险法律适用的基本规则。同位法中特别规定与一般规定不一致时,应该适用特别规定。

52. D 【解析】本题考查用人单位解除劳动合同。用人单位裁减人员时,应当优先留用下列人员:(1)与本单位订立较长期限的固定期限劳动合同的;(2)与本单位订立无固定期限劳动合同的;

(3) 家庭无其他就业人员，有需要扶养的老人或者未成年人的。

53. B 【解析】本题考查劳务派遣的相关规定。修改《劳动合同法》决定施行前经营劳务派遣业务的单位，应当在本决定施行之日起一年内依法取得行政许可并办理公司变更登记，方可经营新的劳务派遣业务。

54. B 【解析】本题考查劳动合同解除。选项A属于协商一致解除劳动合同，选项C、D属于用人单位解除劳动合同的情况，选项B属于劳动者解除劳动合同的情况，所以本题选B。

55. C 【解析】本题考查非全日制用工。选项A，非全日制用工双方当事人可以订立口头协议；选项B、D，非全日制用工双方当事人任何一方都可以随时通知对方终止用工。

56. B 【解析】本题考查劳动人事争议仲裁委员会。劳动人事争议仲裁委员会由劳动行政部门代表、工会代表和企业方面代表组成。

57. C 【解析】本题考查工伤保险。《工伤保险条例》规定，职工符合认定工伤或视同工伤的条件，但是有下列情形之一的，不得认定为工伤或者视同工伤：(1)故意犯罪的；(2)醉酒或者吸毒的；(3)自残或者自杀的。

58. D 【解析】本题考查失业登记。用人单位应当及时为失业人员出具终止或者解除劳动关系的证明，并将失业人员的名单自终止或者解除劳动关系之日起15日内告知社会保险经办机构。

59. D 【解析】本题考查基本医疗保险制度。职工应当参加职工基本医疗保险，由用人单位和职工按照国家规定共同缴纳基本医疗保险费。

60. B 【解析】本题考查劳动法律责任的特点。劳动法律责任的特点包括：(1)是以违法行为存在为前提；(2)以法律制裁为必然结果；(3)是由国家强制力保证实施；(4)由国家特别授权的机关来执行。

二、多项选择题

61. AB 【解析】本题考查赫茨伯格的双因素理论。传统的观点认为满意的反面是不满意，但赫兹伯格认为满意与不满意并不是或此或彼、二择一的关系，满意的反面是没有满意，不满的反面是没有不满。

62. ABC 【解析】本题考查权变理论。费德勒认为，情境因素分为三个维度：一是领导与下属的关系；二是工作结构；三是职权。

63. BE 【解析】本题考查决策风格。选项B，分析型决策者具有较高的模糊耐受性以及很强的任务和技术取向；选项E，指导型决策者具有较低的模糊耐受性水平，倾向于关注任务和技术本身。

64. AE 【解析】本题考查管理层次与管理幅度的关系。管理层次与管理幅度存在反比的数量关系，两者互相制约，其中管理幅度起主导作用。

65. ABDE 【解析】本题考查人力资源需求小于供给时的组织对策。通常情况下，当一个组织面临人力资源需求小于人力资源供给的情形时，主要可以采取以下几种措施：(1)冻结雇用；(2)鼓励员工提前退休；(3)缩短每位现有员工的工作时间，采用工作分享的方式同时降低工资；(4)临时性解雇或永久性裁员；(5)对富余人员进行培训，为未来的发展做好人力资源储备，或者利用现有的人力资源开展新的项目或新的经营活动。

66. ABE 【解析】本题考查面试。选项C，面试本身并不是没有成本，例如面试考官的机会成本；选项D，面试结果是面试考官主观判断得出的，而人的主观判断会受到多方面因素的影响，所以判断出现偏差的可能性很大，通过面试所做出的甄选决策很可能是不正确的。

67. AB 【解析】本题考查职业兴趣类型。现实型的人适合从事技能性和技术性的职业；选项C，研究型的人适合从事科学研究类工作以及工程设计类工作；选项D，企业型的人适合担任企业领导或政府官员；选项E，常规性的人适合从事办公室事务性工作、图书管理、会计、统计类工作。

68. ABD 【解析】本题考查运用关键绩效指标法时管理者应注意的问题。运用关键绩效指标法时管理者应注意的问题包括：(1)关键绩效指标的数量不宜过多；(2)同类型职位的关键绩效指标必须保持一致;(3)关键绩效指标要彻底贯彻企业战略重点。

69. ACD 【解析】本题考查绩效评价中容易出现的问题及应对方法。选项 A,晕轮效应指对一个人进行评价时,往往会因为对他的某一特质强烈而清晰的感知,而掩盖了该人其他方面的品质。选项 C,刻板效应是指个人对他人的看法,往往受到他人所属群体的影响。选项 D,近因效应是指最近或最终的印象往往是最强烈的,可以冲淡之前产生的各种因素。

70. ACD 【解析】本题考查组织层次的职业生涯管理方法。潜能评价中心常用的方法包括评价中心、心理测验、替换或继任规划。

71. BCDE 【解析】本题考查衡量职业生涯管理的有效性的标准。选项 A 属于组织层次的职业生涯管理方法。

72. CE 【解析】本题考查收入分配制度。岗位工资根据工作难易程度和工作质量确定,按初级工、中级工、高级工三个技术等级和技师、高级技师二个技术职务设置,分别设若干工资档次。

73. ABCE 【解析】本题考查不同职业之间工资差别形成的原因。在亚当·斯密所提及的引起职业间工资差别的五个原因中,有四种都是属于因工作条件和社会环境不同引起的,即因劳动强度和劳动条件、从业时的不愉快程度、职业稳定与保障程度、责任大小程度而引起的工资差别,均属于补偿性工资差别。

74. ABCE 【解析】本题考查劳动力市场歧视。如果所有的职业都是完全隔离的,则差异指数的值为 100,选项 D 错误。

75. BCDE 【解析】本题考查结构性失业的解决措施。经济学家主张采取缓和结构性失业的措施:加强劳动力市场的情报工作,使求职人员及时了解劳动力市场的供求情况;由政府提供资金,向愿意从劳动力过剩地区迁到劳动力短缺地区的失业工人提供安置费;制订各种培训计划,使工人的知识更新与技术发展同步进行,以适应新职业的需要;提供更好的职业指导和职业供求预测。

76. BCD 【解析】本题考查人力资本投资与高等教育。在很多时候,企业常常根据他们认为与生产率之间存在某种联系,同时又是可以被观察到的标志或特征来进行人员的筛选。这些标志或特征包括年龄、经验、受教育程度等。

77. BCDE 【解析】本题考查劳动力流动的影响因素。选项 A,一般情况下,企业规模越大,员工的流动率越低。

78. BCDE 【解析】本题考查社会保险法律适用的基本规则。社会保险法律适用的基本规则包括:(1)上位法的效力高于下位法;(2)同位法中特别规定与一般规定不一致时,适用特别规定;(3)同位法中新的规定与旧的规定不一致,适用新的规定;(4)原则上不溯及既往。

79. ABCE 【解析】本题考查社会保险法律责任。选项 D,用人单位未按时足额缴纳社会保险费的,由社会保险费征收机构责令其限期缴纳或者补足,并自欠缴之日起,按日加收万分之五的滞纳金;逾期仍不缴纳的,由有关行政部门处欠缴数额 1 倍以上 3 倍以下的罚款。

80. ABD 【解析】本题考查劳动争议当事人的义务。选项 C、E 属于劳动争议当事人的权利。

三、案例分析题

(一)

81. A 【解析】本题考查绩效薪金制的主要优点。绩效薪金制的主要优点在于可以减少管理者的工作量,因为员工为了获得更高的薪金会自发地努力工作,而不需要管理者的监督。

82. BCD 【解析】本题考查绩效薪金制的相关内容。绩效薪金制指将绩效与报酬相结合的激励措施,选项 A 错误。

83. ABD 【解析】本题考查绩效薪金制的相关内容。绩效可以是个人绩效、部门绩效和组织绩效。

84. ACD 【解析】本题考查绩效薪金制采用的方式。绩效薪金制采用的方式有计件工资、工作奖金、利润分成、按利分红等。

(二)

85. BCD 【解析】本题考查成本领先战略的绩效管理。选项 A，在绩效考核中，组织应尽量选择以结果为导向的、实施成本较低的评价方法，比如目标管理法，鼓励员工通过各种方法达到组织期望的结果。

86. ABC 【解析】本题考查差异化战略的绩效管理。选项 D，评价结果可以充分用于员工的开发、培训，使员工通过不断学习获得更先进的理念，与组织共同发展。

87. ABC 【解析】本题考查绩效计划的制订。绩效计划的制订需要组织中不同人群的参与，人力资源部门对绩效管理的监督与协调负主要责任，各级主管人员要参与计划的制订，员工也要积极参与计划制订的过程，绩效计划的制订是一个自上而下的过程。

88. AB 【解析】本题考查国际人力资源的绩效考核。国际人力资源的绩效考核不但关注业绩，而且突出战略方向，强调企业的长远发展。国际人力资源更倾向于基于结果的绩效考核而不是基于员工特征的绩效考核。

(三)

89. AB 【解析】本题考查人力资源规划的意义和作用。人力资源规划的意义和作用：(1)人力资源规划有利于组织战略目标的实现；(2)良好的人力资源规划有利于组织整体人力资源管理系统的稳定性、一致性和有效性，有利于组织的健康和可持续发展；(3)良好的人力资源规划还有助于组织对人工成本的合理控制。

90. A 【解析】本题考查人力资源需求小于供给时的组织对策。通常情况下，当一个组织面临人力资源需求小于人力资源供给的情形时，主要可以采取以下几种措施：(1)冻结雇用；(2)鼓励员工提前退休；(3)缩短每位现有员工的工作时间，采用工作分享的方式同时降低工资；(4)临时性解雇或永久性裁员；(5)对富余人员进行培训，为未来的发展做好人力资源储备，或者利用现有的人力资源开展新的项目或新的经营活动。

91. A 【解析】本题考查人力资源供求平衡的方法分析。选项 A，外包可以适当控制和精简企业自身直接雇用的人员数量，有助于提升人力资源管理的价值。

92. AD 【解析】本题考查人力资源供求平衡的方法分析。执行速度快、员工受到伤害大的方案有：降级、减薪和裁员。

(四)

93. B 【解析】本题考查附加的劳动者效应的概念。附加的劳动者效应是指当家庭中的主要收入获取者失去工作或工资被削减以后，其他的家庭成员(带孩子的女性或年轻人)有可能会临时性地进入劳动力队伍，以力图通过找到工作来增加家庭收入，保持家庭原先的效用水平不变。

94. B 【解析】本题考查经济衰退中的劳动力供给分析。附加的劳动者效应和灰心丧气的劳动者效应在作用上是相反的。

95. ABD 【解析】本题考查家庭生产理论的相关内容。选项 C，家庭物品的生产方式可以划分为时间密集型和商品密集型两种。

96. B 【解析】本题考查女性劳动力参与率的变化。女性(尤其是已婚女性)的劳动力参与率大幅度上升。

(五)

97. C 【解析】本题考查劳务派遣的劳动合同。李某的用人单位应该是劳务派遣单位，即丙公司。

98. A 【解析】本题考查劳务派遣。用工单位有下列情形之一，可以将被派遣劳动者退回劳务派遣单位：(1)劳动合同订立时所依据的客观情况发生重大变化，致使劳动合同无法履行，经用人单位与劳动者协商，未能就变更劳动合同内容达成协议的；(2)依照企业破产法规定进行重整的；(3)生产经营发生严重困难的；(4)企业转产、重大技术革新或者经营方式调整，经变更劳动合同后，仍需裁减人员的；(5)其他因劳动合同订立时所依据的客观经济情况发生重大变化，致使劳动合同无法履行的;(6)用工单位被依法宣告破产、吊销营业执照、责令关闭、撤销、决定提前解散或者经营期限届满不再继续经营;(7)劳务派遣协议期满终止。

99. C 【解析】本题考查用工单位与劳动者解除或终止劳动合同的条件。被派遣劳动者有以下情形之一,用工单位可以将被派遣劳动者退回劳务派遣单位,劳务派遣单位可以依法解除劳动合同:(1)在试用期间被证明不符合录用条件的;(2)严重违反用人单位的规章制度的;(3)严重失职、营私舞弊,对用人单位造成重大损害的;(4)劳动者同时与其他用人单位建立劳动关系,对完成本单位的工作任务造成严重影响,或者经用人单位提出,拒不改正的;(5)因劳动者以欺诈、胁迫的手段或者乘人之危,使用人单位在违背真实意思的情况下订立或者变更劳动合同致使劳动合同无效的;(6)被依法追究刑事责任的;(7)劳动者患病或者非因工负伤,在规定的医疗期满后不能从事原工作,也不能从事由用人单位另行安排的工作的;(8)劳动者不能胜任工作,经过培训或者调整工作岗位,仍不能胜任工作的。

100. C 【解析】本题考查劳务派遣岗位的范围。劳务派遣岗位的范围:临时性(存续时间不超过六个月)、辅助性或者替代性的工作岗位。

最后冲刺套题(六)参考答案及详细解析

一、单项选择题

1. D 【解析】本题考查动机。出于外源性动机的员工更看重工作所带来的报偿,如工资、奖金、表扬、社会地位等,所以选项D错误。

2. A 【解析】本题考查期望理论。弗罗姆的期望理论认为,人们之所以采取某种行为,努力工作,是因为他觉得这种行为在一定概率上达到某种结果,并且这种结果可以带来他认为重要的报酬。所以本题选A。

3. B 【解析】本题考查公平理论。投入包括员工认为他们带给或贡献给工作的所有丰富多样的成分。产出是他们觉察到从工作或雇主那里获得的报酬,包括直接的工资和奖金、额外福利、工作安全等。

4. C 【解析】本题考查魅力型领导理论。魅力本身是一个归因现象,会随着情境发生变化,而不是一种特质,所以选项C错误。

5. B 【解析】本题考查权变理论。费德勒认为情境性的因素可以分为三个维度:(1)领导与下属的关系:下属对领导者的信任、信赖和尊重的程度;(2)工作结构:工作程序化、规范化的程度;(3)职权:领导者在甄选、培训、激励、解聘等人事工作方面有多大的影响力和权力。

6. B 【解析】本题考查决策风格。分析型的决策风格:决策者具有较高的模糊耐受性,并且倾向于对任务和技术的关注。

7. D 【解析】本题考查组织文化的核心和灵魂。精神层是形成物质层及制度层的思想基础,也是组织文化的核心和灵魂。

8. C 【解析】本题考查组织是否愿意对人力资源进行投资的决定因素。组织是否愿意对人力资源进行投资主要取决于以下因素:管理层的价值观;对待风险的态度;员工技能的性质;人力资源服务外包的可能性。所以本题选C。

9. B 【解析】本题考查组织设计的概念。组织设计是对企业的组织结构及其运行方式所进行的设计。

10. A 【解析】本题考查传统的组织发展方法。敏感性训练是指通过无结构小组的交互作用方式来改善行为的方法,选项A正确。调查反馈是用一种专门的调查工具,用来评估组织成员的态度,了解员工在认识上的差异;质量圈是员工参与计划的一种形式;团际发展旨在化解和改变工作团体之间的态度、成见和观念,以改善团体间的相互关系。

11. B 【解析】本题考查战略性人力资源管理的过程。描绘组织的价值链:在这一步,组织需要回答这样一个问题:"我们在为客户创造价值的时候,需要完成哪些最为关键的活动,同时需要完成哪些对关键活动提供支持的其他重要活动?"

12. B 【解析】本题考查战略性人力资源管理的步骤。设计战略地图,在这一步,组织需要回答的问题是:"为了实现组织的整体战略目标需要完成的各种重要活动之间存在怎样的驱动关系?驱动组织战略实现的源泉在哪里?"

13. D 【解析】本题考查人力资源管理与战略规划之间的联系。一体化联系是建立在战略规划和人力资源管理之间的持续互动基础之上的,而不是有一定先后顺序的单方向推进过程。

14. A 【解析】本题考查人力资源规划的概念。当人力资源供求达到平衡时组织无须采取特别的人力资源措施。选项B、C、D为人力资源需求小于供给需要做的事情。

15. D 【解析】本题考查人力资源供给预测的主要方法。人员替换分析法是针对具体职位进行人力资

· 33 ·

源供给预测的方法。马尔科夫分析法是基于多种职位以及人员流动状况进行人力资源供给预测的方法。

16. C 【解析】本题考查无领导小组讨论。在无领导小组讨论中，在讨论操作性问题时，组织者会给被测试者提供一些材料、工具或者道具，然后让他们利用这些材料设计出一个或一些指定的物体。

17. A 【解析】本题考查高绩效工作系统。标杆管理是指通过分析和比较高绩效组织与本组织之间所存在的重要差异，明确高绩效组织的哪些政策和实践使它们变得更为优秀，这样就可以确定本组织可以通过在哪些方面进行改进而提升本组织的有效性。

18. D 【解析】本题考查裁员的主要原因。企业进行裁员的主要原因有：(1)许多企业都在努力降低成本，由于劳动力成本在公司的总成本中往往占了很大一部分，因此它很自然地就成为企业最先下手的地方；(2)在有些企业中，关闭过时和落后的工厂或者在原有的工厂中引进新的技术等，都会导致企业对人员需求减少；(3)许多公司由于经济方面的原因改变了经营地点，如果员工难以随之转移，则原有的员工就会被裁减。

19. A 【解析】本题考查面试的基本含义。面试是迄今为止在实践中运用最广泛的一种人员甄选方法，几乎在所有的人员甄选过程中都会用到面试，而且有时往往还不止一次地在甄选的相关程序中使用。

20. C 【解析】本题考查人力资源供求平衡的方法分析。不要对那些有专利权或者需要严格的安全保障措施才能完成的工作实行离岸经营。需要被外包出去的工作应该是相对独立的，因而不需要发包公司透露任何本来需要保守的竞争秘密。

21. B 【解析】本题考查面试的类型。结构化面试又称标准化面试，是依据预先确定的面试内容、程序、评分结构等进行的面试形式。

22. B 【解析】本题考查人格测试。从团队的角度来看，宜人性程度高和责任心强的员工可能更为适应团队工作环境。

23. C 【解析】本题考查差异化战略。差异化战略的核心是独特的产品和服务，而不是标准化。

24. B 【解析】本题考查平衡计分卡法的设计流程。企业战略和竞争目标是设计平衡计分卡法指标体系的基本出发点，管理者在进行设计前，必须首先敲定企业的战略目标。

25. B 【解析】本题考查差异化战略企业绩效考核的方法。采用差异化战略在绩效考核中应选择以行为为导向的评价方法，因为创新的成果通常是难以用量化的指标去衡量的。

26. B 【解析】本题考查职位评价方法。排序法也称简单排序法、序列法或部门重要次序法，是职位评价中使用较早的一种较为简单、最易于理解的评价方法。

27. B 【解析】本题考查无现金行权。无现金行权是指个人不需要以现金或支票支付行权费用，证券商以出售部分股票获得的收益来支付行权费用，并将余下股票存入经理人个人账户。

28. C 【解析】本题考查股票增值权。股票增值权实质上是一种虚拟的股票期权，是公司给予计划参与人一种权利，不实际买卖股票，仅通过模拟股票市场价格变化的方式，在规定时段内，获得由公司支付的行权价格与行权日市场价格之间的差额。

29. D 【解析】本题考查职位说明书的概念。职位说明书是工作分析的重要成果文件，其中包含了职位职责、权限、任职资格、工作环境等重要的职位信息，是职位评价的主要信息来源。

30. D 【解析】本题考查培训与开发效果的评估内容。结果如何是组织进行培训与开发效果评估的最重要内容，是最具说服力的评价指标，也是组织高管层最关心的评估内容。

31. B 【解析】本题考查职业生涯锚类型中的管理能力型。管理能力型的特点之一是具有分析能力、人际沟通能力和情绪控制能力的强强组合，但对组织有很大的依赖性。

32. C 【解析】本题考查培训与开发效果的评估。由于培训与开发效果的滞后性，以及员工个体的差异性，要客观、科学地评估培训与开发的效果相当困难，因此，效果评估是培训与开发体系中最难实现的一个环节。选项C说法错误。

33. B 【解析】本题考查收入分配制度。机关工人年度考核合格及以上的,一般每两年可在对应的岗位工资标准内晋升一个工资档次。

34. A 【解析】本题考查公务员培训。公务员的培训对象是全体公务员。

35. C 【解析】本题考查劳动关系系统的运行。政治和社会环境的投入是劳动关系系统存在的社会条件。

36. C 【解析】本题考查创新创业激励。激励科技人员创新创业,以技术转让或者许可方式转化职务科技成果的,应当从技术转让或者许可所取得的净收入中提取不低于50%的比例用于奖励职务科技成果完成人和为成果转化做出重要贡献的其他人员。

37. D 【解析】本题考查劳动力参与率的计算。劳动力参与率主要是指在16岁以上人口中,就业人口与失业人口之和所占的百分比。所以该县2019年的劳动力参与率=[(20+4)/(40-10)]×100%=80%。

38. A 【解析】本题考查劳动力供给数量。一个国家或地区劳动力供给数量的最重要基础是人口总量。

39. B 【解析】本题考查劳动力需求弹性。题目已知劳动力需求是单位弹性的,即为1,劳动力需求弹性=劳动力需求量变动/工资率变动×100%=(ΔL/25 000)/[(30-25)/25]×100%=1,ΔL=5 000(人),则总人数变为25 000-5 000=20 000(人)。

40. A 【解析】本题考查劳动力市场均衡。由题干可知,该地区劳动力供给减少,劳动力需求不变,当劳动力需求曲线不变而劳动力供给曲线左移时,会导致均衡工资率上升,均衡就业量下降。

41. B 【解析】本题考查工资水平。企业在制定自己的工资政策、确定企业工资水平时,必须要对实际工资有正确的了解。

42. C 【解析】本题考查失业的类型。自然失业率在4%~6%,它的存在并不影响充分就业的实现。

43. D 【解析】本题考查失业率统计。就业者由于退休等原因而决定退出劳动力市场,则他们就从就业者变成非劳动力。

44. C 【解析】本题考查劳动力市场歧视。非竞争歧视是指劳动力市场处于非竞争状态下产生的歧视。在我国很多企业、事业单位中依然存在基于身份的用工制度,正式员工和合同员工(或外聘员工或派遣员工)即使从事同样的工作,所得的工资福利水平以及其他方面的待遇也存在很大的差距,这些都属于歧视。

45. A 【解析】本题考查失业的类型及其成因与对策。摩擦性失业是由两个原因产生的:劳动力市场的动态属性、信息的不完善性。

46. C 【解析】本题考查在职培训对企业及员工行为的影响。特殊培训是指培训所产生的技能只对提供培训的企业有用,而对其他企业则没有用处的情况。大多数接受过特殊培训的员工可能愿意在本企业中工作较长的时间,这样,他们的流动倾向就会受到削弱。

47. C 【解析】本题考查高等教育投资决策的基本推论。在其他条件一定的情况下,一个人在大学毕业以后工作的时间越长,则其进行高等教育投资的总收益越高。

48. B 【解析】本题考查教育投资的收益估计。教育不仅能够产生较高的私人收益率,还能带来较高的社会收益或外部收益,这种收益也许被投资者本人没有直接获益但是整个社会却能够获得的利益。所以选项B错误。

49. B 【解析】本题考查劳动力流动的主要影响因素。企业所处的地理位置实际上决定了企业员工到其他组织寻找工作的便利性及其成本高低。

50. D 【解析】本题考查社会保险法律关系。社会保险法律关系变更是指主体间已建立的社会保险法律关系,依照法律的规定变更其内容,从而引起权利义务内容和范围的变动。选项D正确。

51. C 【解析】本题考查劳动合同履行。用人单位的义务:向劳动者及时足额支付劳动报酬;不得强迫或者变相强迫劳动者加班;应当保护劳动者的生命安全和身体健康。

52. D 【解析】本题考查劳动合同的终止。用人单位对已经解除或者终止的劳动合同的文本,至少保存2年备查。

53. B 【解析】本题考查劳务派遣的相关内容。被派遣劳动者在无工作期间,劳务派遣单位应当按照不低于所在地人民政府规定的最低工资标准,向其按月支付报酬。

54. B 【解析】本题考查劳动争议仲裁费。《劳动争议调解仲裁法》规定:"劳动争议仲裁不收费。劳动争议仲裁委员会的经费由财政予以保障。"

55. A 【解析】本题考查劳动争议当事人的举证责任规定。因用人单位作出的开除、除名、辞退、解除劳动合同、减少劳动报酬、计算劳动者工作年限等决定而发生的劳动争议,用人单位负举证责任。

56. D 【解析】本题考查基本养老保险待遇。参加基本养老保险的个人,因病或者非因工死亡的,其遗属可以领取丧葬补助金和抚恤金;在未达到法定退休年龄时因病或者非因工致残完全丧失劳动能力的,可以领取病残津贴,所需资金从基本养老保险基金中支付。

57. C 【解析】本题考查企业补充保险。个人根据国家有关政策规定缴付的企业年金或职业年金个人缴费部分,在不超过本人缴费工资计税基数的4%标准内的部分,暂从个人当期的当纳税所得额中扣除。

58. B 【解析】本题考查工伤认定申请。职工受到事故伤害后,用人单位不认为是工伤,而职工或者其直系亲属认为是工伤的,由用人单位承担举证责任。

59. D 【解析】本题考查工伤认定的申请。社会保险行政部门受理工伤认定申请的期限为60日,因此选项D正确。

60. C 【解析】本题考查基本医疗保险费的缴纳。基本医疗保险基金分为统筹基金和个人账户两个部分。个人账户的资金来源于两部分:一部分是个人缴纳本人工资的2%全部计入个人账户;另一部分是单位缴费的30%左右划入个人账户,单位缴费划入每个人账户具体比例要考虑年龄因素,一般年龄越大病也越多,划入个人账户的资金也要多一些。

二、多项选择题

61. ABC 【解析】本题考查马斯洛的需要层次理论。马斯洛认为生理的需要包括对食物、水、居住场所、睡眠、性等身体方面的需要。选项D属于归属和爱的需要,选项E属于尊重的需要。

62. CDE 【解析】本题考查路径—目标理论。采用指导式领导方式,让员工明别人对他的期望、成功绩效的标准和工作程序;采用参与式领导方式,主动征求并采纳下属的意见。所以选项A、B错误。

63. ABDE 【解析】本题考查组织设计概述。组织设计在形式上分为静态设计和动态设计,只对组织结构进行的设计称为静态组织设计,同时对组织结构和运行制度进行的设计称为动态组织设计,选项C错误。

64. BCD 【解析】本题考查人才管理。人才管理与传统的人力资源管理的一个显著区别在于,它要求组织在人才的获取和保留方面必须具有明显的主动性、前瞻性、灵活性,能够针对外部环境变化作出更为快速的反应。

65. AC 【解析】本题考查人才管理。人才不是抽象的,更不是绝对的,所以选项A错误;人才管理的两个关键成功要素是人才招募和人才保留,所以选项C错误。

66. ABC 【解析】本题考查甄选的主要方法。从测试内容来看,心理测试可以划分为能力测试、人格测试、兴趣测试。

67. ABD 【解析】本题考查绩效管理工具。绩效管理工具作为管理实践与管理理论之间的桥梁与纽带,直接来源并应用于管理实践,先后提出了目标管理法、标杆超越法、关键绩效指标法和平衡计分卡法。

68. ACE 【解析】本题考查绩效考核和绩效管理的关系。绩效考核是绩效管理的一个环节,选项B错误。绩效考核侧重于绩效的识别、判断和评估，选项D错误。

69. ACD 【解析】本题考查股票期权的股票来源。股票期权行权所需股票来源：（1）公司发行新股票；（2）通过留存股票账户回购股票；（3）从二级市场购买股票。发行市场是一级市场，是新股发行的市场，只能在二级市场购买股票。

70. ABDE 【解析】本题考查霍兰德的职业兴趣类型理论。现实型与常规型和研究型的相邻，与社会型的对立。所以选项C错误。

71. ACE 【解析】本题考查事业单位工作人员培训。管理人员在岗期间专业科目培训由主管部门负责，统一组织或者委托专门培训机构组织，或者授权事业单位按规定组织，一般采取脱产培训、网络培训、集体学习等方式进行。

72. ACD 【解析】本题考查劳动争议调解管理。企业劳动争议调解委员会调解员的职责，根据《企业劳动争议协商调解规定》，调解员履行下列职责：（1）关注本企业劳动关系状况，及时向企业劳动争议调解委员会报告；（2）接受企业劳动争议调解委员会指派，调解劳动争议案件；（3）监督和解协议、调解协议的履行；（4）完成企业劳动争议调解委员会交办的其他工作。

73. ABD 【解析】本题考查劳动力需求弹性。劳动力需求自身工资弹性主要有三种情况：富有弹性、缺乏弹性、单位弹性。

74. BCE 【解析】本题考查工资性报酬差别与劳动力市场歧视。从歧视根源的角度来看，经济学家提出了三种可能的劳动力市场歧视来源：个人歧视、统计性歧视、非竞争性歧视。

75. BCD 【解析】本题考查工资差别及部门间和职业间工资差别。现代经济学家对职业间工资差别主要反映于：补偿性工资差别、竞争性差别、垄断性差别。

76. ABC 【解析】本题考查关于人力资本投资及高等教育的几个重要结论。选项D，获得收益的风险越高，人们更不愿意进行人力资本投资。选项E，机会成本越高，意味着成本越大，人们也不愿意进行人力资本投资。

77. BCDE 【解析】本题考查人力资本投资与高等教育。对于任何人来说，能够达到效用最大化的高等教育投资数量都是在边际收益等于边际成本的那个点上取得的，所以选项A错误。

78. CD 【解析】本题考查工伤认定范围。在上下班途中，受到非本人主要责任的交通事故或者城市轨道交通、客运轮渡、火车事故伤害的，认定为工伤，选项C不应当认定为工伤；职工在工作时间内因公外出发生交通事故受到伤害的，认定为工伤，选项D不应当认定为工伤。

79. ABCD 【解析】本题考查劳动合同的履行。用人单位变更名称、法定代表人、主要负责人或者投资人等事项，不影响劳动合同的履行。用人单位发生合并或者分立等情况，原劳动合同继续有效，劳动合同由承继其权利义务的用人单位继续履行。选项E属于劳动合同变更的情况。

80. ABCD 【解析】本题考查劳动监察的属性。劳动监察的属性包括法定性、行政性、专门性和强制性。

三、案例分析题

(一)

81. A 【解析】本题考查路径—目标理论。路径—目标理论中的指导式领导表现为让员工明确别人对他的期望、成功绩效的标准和工作程序。本案例中，老赵的领导行为与指导式领导相符合，因此选项A正确。

82. D 【解析】本题考查领导风格的类型。按照领导风格理论并结合案例易知，老赵属于"任务指导型"领导风格（强调任务的结果），因此选项D正确。

83. ABC 【解析】本题考查领导者的技能。从领导技能的角度看，成功的领导需要具备三种技能：技术技能、人际技能和概念技能，因此选项A、B、C正确。

84. BC 【解析】本题考查领导者生命周期理论。领导生命周期理论认为，成熟度是指个体对自己的行为负责任的能力与意愿，因此选项B、C正确。

（二）

85. A 【解析】本题考查路径—目标理论。路径—目标理论由罗伯特·豪斯提出。

86. AC 【解析】本题考查路径—目标理论。路径—目标理论给出了两个权变因素作为领导的领导行为与结果之间的中间变量：(1)下属控制范围之外的环境因素，如工作结构、正式的权力系统、工作团队等；(2)下属的个人特征，如能力、经验、内—外控等。

87. B 【解析】本题考查领导—成员交换理论。领导—成员交换理论认为，这种交换过程是一个互惠的过程。从社会认知的角度来说，领导者们为了达成绩效目标和更持久的变化，应该着手改变下属的自我概念。同时作为互惠的另一部分，下属通过他们的反应也在改变领导者的自我图式。领导者和下属两者都作为个体，通过团体进行反馈。领导—成员交换理论认为，团体中领导者与下属在确立关系和角色的早期，就把下属分出"圈里人"和"圈外人"的类别。

88. A 【解析】本题考查魅力型领导者的道德特征。选项 B、C、D 属于魅力型领导者的非道德特征。

（三）

89. AD 【解析】本题考查派生需求定理。根据派生需求定理，产品需求价格弹性越大，生产此产品的劳动力的需求弹性越大。在其他条件相同的情况下，对劳动力需求的弹性越大，则工会在尽可能保障其成员就业安全的情况下为他们赢得的工资增长幅度就越小。

90. AC 【解析】本题考查劳动力需求的交叉工资弹性。两种劳动力的交叉工资弹性值为负值，则意味着一种劳动力的工资率提高会促使另一种劳动力的就业量减少，这说明两者之间是一种总互补关系。

91. A 【解析】本题考查劳动力市场均衡。根据第三种情况和劳动力需求曲线移动对均衡位置的影响可知工资率和就业人数会同时上升。

92. AC 【解析】本题考查劳动力市场均衡。某特殊行业的生产规模及所使用的技术没有明显变化，这说明劳动力需求不会发生很大改变。而未来几年一大批相关专业的大学毕业生会投入到该行业的就业队伍，这将导致该行业的劳动力供给在未来几年内出现大幅度增加，这必将会导致工资率的下降。所以本题选项 A、C 正确。

（四）

93. ABC 【解析】本题考查女性劳动力参与率变化的主要影响因素。选项 D 错误，如果女性的配偶有着较高的经济收入，则有可能使女性退出劳动力市场。

94. ACD 【解析】本题考查老年人劳动力参与率的变化。工资率的上升既有可能带来收入效应，也有可能带来替代效应，若替代效应大于收入效应，则老年劳动者退休年限会延长，反之退休年龄将会提前，所以选项 B 错误。

95. ABD 【解析】本题考查劳动力需求方遇到的摩擦力。雇用和解雇劳动力的过程都不可能在不付出成本的条件下实现。企业在雇用劳动者的过程中需要支付很多成本，包括搜寻成本以及对劳动者进行筛选的成本。在雇用劳动者之后，企业还要承担相应的培训成本。另外，解雇员工的做法可能被视为对员工不公平，从而影响企业未来在市场上招募员工的能力，同时可能会损坏留用员工的生产率。

96. ACD 【解析】本题考查劳动力供给方遇到的摩擦力。现实中劳动力流动是有成本的，包括寻找就业信息的成本，离开原雇主失去的经济或非经济利益和转到新雇主需要重新学习掌握新的技能的成本。这就表明劳动力的流动成本在某种程度上限制劳动力的流动。

（五）

97. A 【解析】本题考查失业登记。失业人员应当持本单位为其出具的终止或者解除劳动关系的证明，及时到指定的社会保险经办机构办理失业登记。

98. B 【解析】本题考查失业保险待遇。员工在领取失业保险金期间，参加职工基本医疗保险，享受基本医疗保险待遇。

99. D 【解析】本题考查领取失业保险金的条件。领取失业保险金的条件：(1)失业前用人单位和本人已经缴纳失业保险费满一年；(2)非因本人意愿中断就业；(3)已经进行失业登记，并有求职要求。

100. C 【解析】本题考查失业登记。失业保险金自办理失业登记之日起计算。

最后冲刺套题(七)参考答案及详细解析

一、单项选择题

1. B 【解析】本题考查需要、动机与激励。动机是指人们从事某种活动、为某一目标付出努力的意愿,这种意愿取决于目标能否以及在多大程度上能够满足人的需要。

2. B 【解析】本题考查三重需要理论。成就需要高的人有一些突出特点,其中之一是选择适度的风险。

3. B 【解析】本题考查路径—目标理论。不同的领导行为适合于不同的环境因素和个人特征,如果下属的工作是结构化的,支持型的领导可以带来高的绩效和满意度,因此选项 B 正确。

4. D 【解析】本题考查权变理论。费德勒认为情境性的因素可以分为三个维度:一是领导与下属的关系;二是工作结构;三是职权。

5. D 【解析】本题考查组织结构的主要内容。完成企业目标所需的各项业务工作,及其比例、关系指的是职能结构。

6. D 【解析】本题考查组织设计的类型。"可以租用,何必拥有"这是虚拟组织的实质。

7. D 【解析】本题考查战略的三个层次及战略管理的基本模型。人力资源战略或人力资源管理战略就是职能战略的一种。

8. D 【解析】本题考查组织文化结构。组织文化中有没有精神层是衡量一个组织是否形成了自己的组织文化的主要标志和标准,因此选项 D 错误。

9. D 【解析】本题考查人力资源战略及其与战略的匹配。成长战略在晋升方面,强调内部晋升,从外部招募和录用低级别职位的员工,然后不断地把员工一步一步培养到中高层管理职位。

10. D 【解析】本题考查人才管理。组织需要建立统一、平等且富有同情心的组织文化。

11. C 【解析】本题考查高绩效工作系统。从高绩效管理系统的定义不难看出,其核心理念即组织的人力资源管理系统必须与组织的战略和目标保持一致并且确保后者的实现。

12. A 【解析】本题考查人力资源规划的概念。人力资源规划就是指组织根据自身战略的需要,采用科学的手段来预测组织未来可能会遇到的人力资源需求和供给状况,进而制定必要的人力资源获取、利用、保留和开发计划,满足组织对于人力资源数量和质量的需求,从而不仅帮助组织实现战略目标,而且确保组织在人力资源的使用方面达到合理和高效。

13. A 【解析】本题考查趋势预测法。趋势预测法实际上是一种简单的时间序列分析法。

14. B 【解析】本题考查人力资源供给预测。组织必须同时考虑组织外部的人力资源供给状况和组织内部的人力资源供给状况。

15. D 【解析】本题考查人力资源供求平衡的方法分析。选项 D 属于雇用临时员工或劳务派遣人员的优点。

16. D 【解析】本题考查人力资源供给预测的主要方法。人力资源供给预测的主要方法包括:人员替换分析法、马尔科夫分析法。

17. B 【解析】本题考查人格测试。投射法:这种方法首先向被测试者提供一些未经组织的刺激情境,然后让被测试者在不受限制的情境下自由表现出自己的反应。

18. C 【解析】本题考查人格测试。"大五"人格实际上是一个人在以下五个人格特征方面的表现:外向性、和悦性、公正性、情绪性和创造性。

19. C 【解析】本题考查改善面试效果的主要方法。改善面试效果的主要方法包括:采用情境化结构面试,面试前做好充分准备和系统培训面试考官。

20. D 【解析】本题考查绩效管理的作用。选项 A、B、C 属于绩效管理在组织管理中的作用。

21. D 【解析】本题考查晕轮效应。晕轮效应会因对被评价者的某一特质的强烈的清晰的感知，而掩盖了该人其他方面的品质。在这种效应下，主管通常会给自己信任和宠爱的部下较高的分数，对不喜欢的员工给予较低的评价，这会导致评价结果的失真。

22. B 【解析】本题考查绩效计划。绩效计划的制定原则包括：价值驱动原则、战略相关性原则、系统化原则、职位特色原则、突出重点原则、可测量性原则和全员参与原则。个性化原则不属于绩效计划的制定原则，与全员参与原则相矛盾。

23. D 【解析】本题考查配对比较法的定义。配对比较法是根据某项评价标准将每位员工逐一与其他员工比较，选出每次比较的优胜者，最后根据每位员工获胜的次数进行绩效排序。

24. C 【解析】本题考查团队绩效考核。团队绩效考核包括团队和团队成员两个层面的考核，与个人绩效考核是不同的，确定团队绩效考核指标与个人绩效考核指标的方法也不同，选项 A 错误。在进行团队成员的评价时，团队成员之间应进行有效的沟通，选项 B 错误。团队层面的绩效考核指标是团队考核的关键点，选项 D 错误。

25. D 【解析】本题考查战略性薪酬管理。对于追求成长战略的企业来说，其薪酬管理的指导思想是企业与员工共担风险，共享收益。

26. D 【解析】本题考查要素计点法。要素计点法对管理水平要求较高，主要适用于大规模企业中的管理类职位。

27. D 【解析】本题考查员工持股计划。每期员工持股计划的持股期限不得低于 12 个月，选项 A 错误；以非公开发行方式实施的员工持股计划的持股期限不得低于 36 个月，选项 B 错误；上市公司全部有效的员工持股计划持有的股票总数累计不得超过公司股本总额的 10%，选项 C 错误。

28. C 【解析】本题考查年薪制。年薪制模型中的长期奖励，通常以股票期权的形式支付，其收入状况与企业的经济效益和市场环境相关。

29. D 【解析】本题考查培训与开发的效果评估。控制实验法不适用于那些难以找到量化绩效指标的培训与开发项目或活动，如管理技能培训与开发等。

30. B 【解析】本题考查职业生涯发展阶段。职业生涯建立期阶段的身份是"同事"。

31. C 【解析】本题考查劳动关系概述。在劳动关系中，政府是社会生产过程的组织协调者。

32. C 【解析】本题考查劳动关系的主体。中华全国总工会(简称"全总")及其下工会体系是我国唯一合法的工会组织。

33. A 【解析】本题考查劳动关系系统的运行。促使劳动关系良性的运行，是劳动关系系统运行的基本目标，也是劳动关系系统运行机制的基本作用。

34. B 【解析】本题考查近年来养老保险制度改革。年满 16 周岁(不含在校学生)，非国家机关和事业单位工作人员及不属于职工基本养老保险制度覆盖范围的城乡居民，可以在户籍地参加城乡居民养老保险。

35. B 【解析】本题考查近年来养老保险制度改革。地方人民政府应当对参保人缴费给予补贴，对选择最低档次标准缴费的，补贴标准不低于每人每年 30 元。

36. C 【解析】本题考查人力资源市场建设。经营性人力资源服务机构是指依法设立的从事人力资源服务经营活动的机构。

37. A 【解析】本题考查工资集体协商制度。工资指导线是政府对企业的工资分配进行规范与调控，使企业工资增长符合经济和社会发展要求，促进生产力发展的企业年度货币工资水平增长幅度的标准线。

38. A 【解析】本题考查潜在的劳动力人口。潜在的劳动力人口指的是 16 岁以上的总人口。

39. D 【解析】本题考查个人劳动力供给曲线。个人劳动力供给曲线揭示的是劳动者个人劳动力供给意愿随工资率变动而变动的规律，该曲线的形状是向后弯曲的。

40. D 【解析】本题考查灰心丧气的劳动者效应的含义。灰心丧气的劳动者效应是指一些本来可以寻找工作的劳动者由于对在某一可行的工资率水平下找到工作变得非常悲观而停止寻找工作，临时成为非劳动力参与者的情况。

41. D 【解析】本题考查晋升竞赛。在企业中，更高一级的职位通常是事先设计好的，而与每个职位对应的则是一个确定的工资率或一个工资浮动区间，职位级别越高，对应的工资率也就越高。选项 D 说法有误。

42. B 【解析】本题考查劳动力需求方遇到的摩擦力。一些企业为了激励员工的工作积极性，会有意提供高于市场通行工资水平的工资率——效率工资，但是这种做法并未降低企业在产品市场上的竞争力，起到了强化企业竞争力的作用。

43. B 【解析】本题考查不同职业之间工资差别形成的原因。补偿性工资差别是指在知识技能上无质的差别的劳动者，因从事职业的工作条件和社会环境的不同而产生的工资差别。

44. B 【解析】本题考查工资性报酬差别与劳动力市场歧视。如果两种性别的劳动力在各种职业中的分布是完全相同的，则差异指数的值为零。

45. C 【解析】本题考查失业与失业统计。16 周岁以上各类学校毕业或肄业的学生中，初次寻找工作但未找到的，属于失业人员。

46. A 【解析】本题考查结构性失业。在专业结构或产品结构调整过程中，因衰落部门的失业者与扩展部门的工作要求不相符合，或现有的职位空缺同失业者在地理位置上失调而造成的失业被称为结构性失业。

47. C 【解析】本题考查人力资本投资的一般原理。亚当·斯密提出，一个国家的资本在一定程度上包括社会全体成员的能力。

48. A 【解析】本题考查内部收益率法。内部收益率法实际上要回答一个问题，即"如果要想使投资有利可图，那么可以承受的最高贴现率是多少"。

49. B 【解析】本题考查教育投资私人收益的低估偏差。由于在很多组织中，福利已经占到员工总薪酬的很大一部分，而且接受高等教育者一旦进入组织中的中高层管理岗位，实际上还享受很多职务福利和特权，这些福利在许多研究中都没有体现，所以对高等教育所产生的私人收益进行的估计存在低估的趋势。

50. B 【解析】本题考查劳动力的跨产业流动及产业内流动。选项 A，劳动者因工厂倒闭而回乡务农的情况属于劳动力跨产业流动；选项 C，工资水平与劳动力流出呈相反方向变化，与劳动力流入呈相同方向变化；选项 D，高失业率的部门劳动力流动率也比较高。

51. D 【解析】本题考查基本养老保险。基本养老保险包括职工基本养老保险、新型农村社会养老保险、城镇居民社会养老保险。

52. A 【解析】本题考查劳动合同解除。《劳动合同法》规定：用人单位有下列情形之一的，劳动者可以解除劳动合同：(1)未按照劳动合同约定提供劳动保护或者劳动条件的；(2)未及时足额支付劳动报酬的；(3)未依法为劳动者缴纳社会保险费的；(4)用人单位的规章制度违反法律法规的规定，损害劳动者权益的；(5)因用人单位以欺诈、胁迫的手段或者乘人之危，使劳动者在违背真实意思的情况下订立或者变更劳动合同致使劳动合同无效的；(6)法律、行政法规规定劳动者可以解除劳动合同的其他情形。

53. C 【解析】本题考查培训服务期。用人单位为劳动者提供专项培训费用，对其进行专业技术培训的，可以与该劳动者订立协议，约定服务期。

54. A 【解析】本题考查劳务派遣单位的法定义务。劳务派遣单位不得以非全日制用工形式招用被派遣劳动者。所以 A 的说法有误，符合题意。

55. D 【解析】本题考查劳动争议的终局裁决。用人单位有证据证明仲裁裁决违反法定程序的，可以自收到仲裁裁决书之日起 30 日内向劳动人事争议仲裁委员会所在地的中级人民法院申请撤销裁决。

56. B 【解析】本题考查劳动争议仲裁的受理。劳动人事争议仲裁委员会受理案件后，发现不应当受理的，应当撤销案件，并自决定撤销案件后5日内，书面通知当事人。

57. B 【解析】本题考查基本医疗保险基金的支付。统筹基金支付起付标准，大致当地职工年平均工资的10%左右，如患者住院，个人首先要用个人账户或自付费用。

58. C 【解析】本题考查社会保险法律责任。以欺诈、伪造证明材料或者其他手段骗取社会保险基金支出或者骗取社会保险待遇的，应当退回骗取的金额，并处骗取金额2倍以上5倍以下的罚款。

59. B 【解析】本题考查决定撤销具体行政行为。对存在以下问题的具体行政行为，根据实际情况，决定撤销具体行政行为或撤销部分具体行政行为：(1)主要事实不清，证据不足；(2)适用依据错误或不当；(3)违反法定程序；(4)超越或滥用职权；(5)具体行政行为明显不当，显失公平。

60. B 【解析】本题考查劳动法律责任。用人单位违反本法规定解除或者终止劳动合同的，应当依照《劳动合同法》规定的经济补偿标准的2倍向劳动者支付赔偿金。

二、多项选择题

61. BCE 【解析】本题考查麦克里兰的三重需要理论。麦克里兰提出的三重需要理论，认为人有三种需要，即成就需要、权力需要和亲和需要。

62. ABCE 【解析】本题考查领导—成员交换理论。选项D，领导很少对"圈里人"采用正式领导权威。

63. DE 【解析】本题考查现代组织发展方法。典型的现代组织发展方法有全面质量管理和团队建设。

64. ABCD 【解析】本题考查人力资源管理与战略规划的联系。人力资源管理职能和战略规划职能之间存在四种不同层次的联系，即行政管理联系、单向联系、双向联系以及一体化联系。

65. ABDE 【解析】本题考查趋势预测法。趋势预测法比较粗糙，预测的准确度会打一定的折扣，选项C错误。

66. ABE 【解析】本题考查履历分析。履历分析技术对作为分析对象的履历有三个要求：履历信息必须真实、履历信息必须全面、履行信息必须相关。

67. ABCE 【解析】本题考查绩效管理工具。平衡计分卡从四个角度关注组织的绩效，分别是：客户角度、内部流程角度、学习与发展角度、财务角度。

68. ABE 【解析】本题考查对薪酬管理的理解。选项C，全面薪酬管理以客户满意度为中心；选项D，薪酬调查是构建薪酬体系的第三步。

69. ABDE 【解析】本题考查培训与开发效果的评估。硬指标包括产出、质量、成本和时间四大类。

70. ABC 【解析】本题考查劳动关系运行的实体规则。劳动基本权的内容通常是指"劳动三权"，即团结权、集体谈判权和集体行动权。

71. BCDE 【解析】本题考查人力资源市场建设。经营性人力资源服务机构应当在服务场所明示下列事项，并接受人力资源社会保障行政部门和市场监督管理、价格等主管部门的监督检查：(1)营业执照；(2)服务项目；(3)收费标准；(4)监督机关和监督电话。

72. ABCD 【解析】本题考查家庭生产理论的相关知识。选项E，家庭生产理论是一种劳动力供给理论。

73. BD 【解析】本题考查劳动力市场政策。扩张性的财政政策是指通过降低税率、增加转移支付、扩大政府支出的方法刺激总需求的增加，进而降低失业率的政策。选项A、E是紧缩性的财政政策，选项C是扩张性的货币政策。

74. ABDE 【解析】本题考查高等教育投资决策的模型。上大学的成本越低，上大学的人相对就会越多；A、D正确。大学毕业生与高中毕业生之间的工资性报酬差距越大，上大学的人越多；B正确。投资后的收入增量流越长，从而上大学的可能性更大；E正确。

75. BC 【解析】本题考查失业的类型。摩擦性失业产生的原因包括：(1)劳动力市场的动态属性；

(2)信息不完善性。

76. ABDE 【解析】本题考查社会保险法律适用的特征。社会保险法律适用根据主体的不同，可分为司法适用、行政适用、仲裁和调解。

77. BCD 【解析】本题考查用人单位的义务。用人单位的义务包括：(1)用人单位应当按照劳动合同约定和国家规定，向劳动者及时足额支付劳动报酬。(2)用人单位应当严格执行劳动定额标准，不得强迫或者变相强迫劳动者加班；用人单位安排加班的，应当按照国家有关规定向劳动者支付加班费。(3)用人单位应当保护劳动者的生命安全和身体健康。

78. ABD 【解析】本题考查劳动争议调解协议的法律效力。因支付拖欠劳动报酬、工伤医疗费、经济补偿或者赔偿金事项达成调解协议，用人单位在协议约定期限内不履行的，劳动者可以持调解协议书依法向人民法院申请支付令。

79. ABCD 【解析】本题考查养老金社会化发放的方式。养老金社会化发放的方式包括：委托银行发放、通过邮局寄发、社会保险机构直接发放、依托社区发放、设立派出机构发放。

80. ABCD 【解析】本题考查劳动法律责任。选项 E，试用期的约定是因用人单位不同而定，可以不约定试用期，但是必须在法律范围内实施。

三、案例分析题

(一)

81. C 【解析】本题考查绩效薪金制的相关内容。绩效薪金制同期望理论关系比较密切。

82. ABD 【解析】本题考查绩效薪金制的相关内容。绩效可以是个人绩效、部门绩效和组织绩效。

83. A 【解析】本题考查绩效薪金制的主要优点。绩效薪金制的主要优点在于它可以减少管理者的工作量，因为员工为了获得更高的薪金会自发地努力工作，而不需要管理者的监督。

84. BCD 【解析】本题考查绩效薪金制的相关内容。选项 A，绩效可以是个人绩效、部门绩效和组织绩效。

(二)

85. B 【解析】本题考查交易型和变革型领导理论。交易型领导关注任务的完成以及员工的顺从，更多依靠组织的奖励和惩罚来影响员工的绩效。

86. D 【解析】本题考查路径—目标理论。支持型领导努力建立舒适的工作环境，亲切友善，关心下属的要求。

87. C 【解析】本题考查管理方格图。根据管理方格理论，"任务"领导风格对任务极端关注，而忽视对人的关注。

88. AB 【解析】本题考查领导者的生命周期理论。成熟度是指个体对自己的行为负责任的能力与意愿，包括工作成熟度和心理成熟度。

(三)

89. B 【解析】本题考查组织的结构类型。案例中，该公司没有生产车间和生产员工，是一种虚拟组织形式。

90. D 【解析】本题考查组织文化的类型。棒球队型组织鼓励冒险和革新。

91. AB 【解析】本题考查虚拟组织形式的特点。选项 A 是虚拟组织形式的优点，选项 B 是虚拟组织形式的缺点；选项 C、D 不是其所具有的特点。

92. ABC 【解析】本题考查棒球队型组织文化的特点。选项 D 属于俱乐部型组织文化的特点。

(四)

93. C 【解析】本题考查工作分析及职位评价。工作分析是确定薪酬体系的基础。职位评价主要是为了解决薪酬的内部公平性问题。

94. C 【解析】本题考查薪酬调查。薪酬调查主要是为了解决薪酬的外部竞争性问题。薪酬调查主要是通过各种途径，收集企业所关注的竞争对手或同行业类似企业的薪酬水平及相关信息。并通过调查所得数据绘制薪酬曲线得出本公司职位薪酬所在位置。

95. ABC 【解析】本题考查薪酬管理。该公司的薪酬分配原则不清楚，存在内部不公平；不能准确了解外部，特别是同行业的薪酬水平，无法准确定位薪酬整体水平；工资分配带有强烈的个人色彩，随意性大。

96. AB 【解析】本题考查不同发展战略下的薪酬管理。选项 C、D 是稳定战略或集中战略下的薪酬战略。

(五)

97. BC 【解析】本题考查高等教育投资的成本收益分析框架。直接支出的学费以及其他与接受高等教育直接有关的成本属于直接成本。大学毕业生由于接受高等教育，一方面导致在最初的四年中因无法工作而损失了四年的工资性报酬，另一方面可能因为刚开始时继续接受培训等原因而导致工资性报酬在最初的一年中低于已经有几年工作经验的高中毕业生，这些属于机会成本。

98. D 【解析】本题考查高等教育投资决策的几个基本推论。上大学的总收益是指一个人在接受大学教育之后的终身职业生涯中获得的超过高中毕业生的工资性报酬，因此如果仅仅根据大学生刚刚毕业的几年中所得到的工资性报酬状况来判断上大学是否值得就会出现误差。

99. AB 【解析】本题考查高等教育投资决策的几个基本推论。人力资本投资的机会成本可以理解为：某人因进行人力资本投资而不得不放弃的收入。所以，在经济不景气时进行人力资本投资的机会成本比较低，有工作收入的在职人员全职攻读研究生学位的机会成本高于没工作过的年轻学生。

100. ABC 【解析】本题考查高等教育投资决策的几个基本推论。毕业研究生和本科生之间的工资差距扩大，研究生找到好工作的机会大大超过本科生，会促使本科毕业生继续攻读硕士学位。政府提高了研究生在校期间的助学金水平，攻读研究生期间的收入增加，也会促使本科毕业生继续攻读硕士学位。本科生的就业形势非常好，本科毕业生会马上就业而不是继续攻读硕士学位。

最后冲刺套题（八）参考答案及详细解析

一、单项选择题

1. B 【解析】本题考查动机的内容。员工的能力与天赋并不能直接决定其对组织的价值，只有当其能力和天赋发挥出来才能够为组织带来益处，而员工能力与天赋的发挥在很大程度上取决于其动机水平的高低。

2. D 【解析】本题考查需要的概念。需要是指当缺乏或期待某种结果而产生的心理状态，包括对食物、水、空气等的物质需要，及对归属、爱等的社会需要。

3. D 【解析】本题考查领导—成员交换理论。领导—成员交换理论认为，团体中领导者与下属在确立关系和角色的早期，就把下属分出"圈里人"和"圈外人"的类别。

4. A 【解析】本题考查特质理论的缺陷。特质理论忽视了下属的需要：具有某些特质的领导可能适合管理某些下属，但不适合管理另一些下属。

5. D 【解析】本题考查组织结构的特征因素。组织结构的专业化程度是指组织各职能分工的精细程度，具体表现为其部门（科室）和职务（岗位）数量的多少。

6. B 【解析】本题考查规范化。规范化是指员工以同种方式完成相似工作的程度。

7. D 【解析】本题考查战略性人力资源管理与战略管理。选项A、B都是战略规划阶段的活动，选项C属于战略执行阶段的活动，只有选项D是介于战略规划与战略执行中间的重要环节。

8. A 【解析】本题考查战略规划过程。使命描述了一个组织存在的理由、目的和意义。选项B，愿景是对组织未来发展方向的总体描述；选项C，价值观则是在履行使命以及达成愿景过程中坚持的基本行为规范和道德伦理。

9. C 【解析】本题考查人力资源管理与战略规划。一个组织的战略规划过程通常发生在高层，一般是由一个战略规划小组决定的。

10. B 【解析】本题考查人力资源战略与人力资源管理实践选择。组织需要在以下六个主要的人力资源管理职能领域作出自己的战略选择：职位分析与职位设计、招募与甄选、培训与开发、绩效管理、薪资结构、奖金与福利、劳工关系与员工关系。

11. B 【解析】本题考查人才管理。形成有助于降低风险的新型人才队伍调节机制：（1）同时利用制造人才和购买人才两种策略应对人才供求两个方面的风险，并保持适当的平衡。（2）适应人才需求的不确定性，小规模、多批次地培养人才。（3）降低人才开发风险，提高人才开发的投资回报率。（4）通过平衡组织和员工之间的利益来保护组织的培训开发投资。

12. D 【解析】本题考查人力资源规划的内容。组织的人力资源规划是从明确组织的战略规划开始的。

13. A 【解析】本题考查人力资源规划的流程。人力资源规划的流程是：人力资源需求预测—人力资源供给预测—人力资源供求平衡分析—实施人力资源供求平衡计划。

14. D 【解析】本题考查比率分析法。比率分析法是一种基于某种关键的经营或管理指标与组织的人力资源需求量之间的固定比率关系，来预测未来人力资源需求的方法。

15. A 【解析】本题考查人力资源供求平衡的基本对策。人力资源供求从数量角度来看，其对比结果可以分为供小于求、供大于求、供求平衡。

16. D 【解析】本题考查面试。集体面试是多位被面试者在同一时间和同一场所，共同接受面试考官面对面询问的一种面试形式。

17. A 【解析】本题考查效度。选项B，构想效度是指能够测量出理论构想的程度；选项C，评价者信度反映的是不同评价人员评价结果的一致性，选项D，复本信度反映的是两个测验在内容上的等值性程度。

18. B 【解析】本题考查工作样本测试。测试所要求的行为与实际工作所要求的行为之间具有高度的一致性，它和工作绩效之间存在直接且明显的联系，所以这种测试工具的效标效度和内容效度都很高。

19. C 【解析】本题考查面试。研究表明，最好的甄选方法是包括工作样本测试、高度结构化的面试以及认知能力测试在内的综合测试，这样一套测试组合的效度系数往往超过0.60。

20. A 【解析】本题考查标杆超越。标杆超越的实质是企业的变革：通过学习同行业经验，改掉制约企业发展陋习的过程。

21. D 【解析】本题考查绩效考核结果的应用。对于贡献型的员工，组织要给予必要的奖励。选项A，对于安分型的员工，组织要对其进行必要的培训以提升其工作技能；选项B，对于冲锋型的员工，主管人员应当对其进行绩效辅导；选项C，对于堕落型的员工，组织要对其进行适当的惩罚、敦促其改进绩效。

22. C 【解析】本题考查行为锚定法的定义。行为锚定法将每项工作的特定行为用一张等级表进行反映，该等级表将每项工作划分为各种行为级别，评价时评估者只需将员工的行为对号入座即可。

23. C 【解析】本题考查绩效评价常见误区及应对方法。晕轮效应指对一个人进行评价时，往往会因为对他的某一特质强烈而清晰的感知，而掩盖了该人其他方面的品质；盲点效应指主管难以发现员工身上存在的与主管自身相似的缺点和不足；趋中倾向指有些主管由于不愿意得罪人或所辖范围过大，很难全面了解所有员工工作表现时，将员工的考核分数集中在某一固定范围的变动中，使评价的结果没有好坏的差异；首因效应是指人们在相互交往的过程中，往往根据最初的印象去判断一个人。

24. C 【解析】本题考查六西格玛管理。在绩效改进方法中，六西格玛管理通过减少企业业务流程中的偏差，使组织的绩效提升到更高的水平。

25. C 【解析】本题考查薪酬管理概述。在薪酬水平来说，稳定战略一般采取市场跟随或略高于市场水平的薪酬，但长期内不会有太大的增长。

26. B 【解析】本题考查职位评价。职位评价主要是为了解决薪酬的内部公平性问题。职位评价的作用：一是确定企业内部各职位的相对价值，得出职位等级序列；二是为薪酬调查建立一套统一的职位评估标准，为确保薪酬的公平性奠定基础。

27. B 【解析】本题考查职位评价方法。分类法也称为分级法或等级描述法，这种方法需要预先制定一套供参考的等级标准(即所谓的标尺)，再将各待定级别的职位与之对照(即所谓的套级)，从而确定该职位的相应级别。

28. B 【解析】本题考查员工持股计划的基本原则。员工持股计划的基本原则包括：依法合规原则、风险自担原则和自愿参与原则。

29. B 【解析】本题考查潜能评价中心。潜能评价中心主要用于专业人员、管理人员、技术人员提升的可能性评价。

30. B 【解析】本题考查职业生涯管理的注意事项。技术/职能能力型的特点是强调实际技术/职能等业务工作。

31. D 【解析】本题考查劳动关系调整的原则。在劳动关系调整中，实施劳动关系主体权益保护原则的具体要求包括：全面保护、平等保护、优先保护和特殊保护。

32. C 【解析】本题考查劳动关系的主体。工会是指在市场经济条件下，为维护和改善劳动者的劳动条件和生活条件而设立的组织。设立工会的主要目标是为工会成员争取利益和价值。

33. C 【解析】本题考查我国调整劳动关系的制度和机制。劳动规章制度是用人单位依法制定并在本单位实施的组织劳动过程和进行劳动管理的规则和制度的总和。

34. B 【解析】本题考查战略性薪酬管理。企业实施稳定战略或集中战略，在薪酬结构上基本薪酬和福利所占的比重较大。在薪酬水平上一般采取市场跟随或略高于市场水平的薪酬，但长期内不会有太大的增长。

35. C 【解析】本题考查高等教育的信号模型。高等教育是一种高生产率的信号，它表明能够完成高等教育的人通常是生产率较高的人。

36. D 【解析】本题考查公务员管理。公务员的领导成员按照国家规定实行任期制。

37. D 【解析】本题考查员工申诉管理。申诉管理的及时原则主要包括两方面：一是及时地预防；二是及时地处理。

38. C 【解析】本题考查劳动力市场的概念。在市场经济条件下，劳动力市场是对劳动力这种生产性资源进行有效配置的根本手段。

39. D 【解析】本题考查劳动力需求弹性。劳动力成本在总成本中占的比重越大，劳动力需求的自身工资弹性越大。

40. A 【解析】本题考查劳动力供给曲线的移动对均衡位置的影响。由于会有大批大学毕业生进入该地区劳动力市场，这将导致供给曲线右移，这样工资会有所下降，而就业量有所上升。

41. C 【解析】本题考查供给弹性的计算。本题中劳动力供给弹性 = (500/1 000) × 100% ÷ (5/15) × 100% = 1.5。

42. B 【解析】本题考查经济周期中的劳动力供给。如果灰心丧气的劳动者失业后退出了劳动力市场，则失业人数会减少，从而导致失业率下降。

43. B 【解析】本题考查工资水平。同工同酬原则：对于完成同等价值工作的劳动者应支付同等水平的工资。

44. A 【解析】本题考查劳动力市场歧视。统计性歧视：企业经常会利用一些历史经验来帮助自己做出判断，雇主曾经雇用过的各种不同类型的劳动者的总体绩效表现等很可能会成为这种历史经验，企业经常会用这些信息来帮助自己预测属于这些群体的求职者的未来生产率状况。

45. C 【解析】本题考查就业与就业统计。在实际操作中，判断不充分就业人员的标准有三条：(1)调查周内工作时间不到标准时间的一半，即不到 20 小时；(2)工作时间短是非个人问题；(3)愿意从事更多的工作。

46. A 【解析】本题考查失业率的统计。失业率=失业人数/(失业人数+就业人数)，"因退休而退出劳动力市场的人数增加"将使就业人数减少，所以会使失业率上升，所以本题选 A。

47. C 【解析】本题考查人力资本投资。在人力资本投资模型中，r 表示利息率，只要 r 为正值，未来收入将会被进行累进贴现，r 越大，则未来收入的现值就越低。相反，现值一定，r 越大，未来收益越多。

48. D 【解析】本题考查高等教育投资的成本收益分析框架。接受高等教育会产生的成本包括：直接成本、机会成本、心理成本。

49. C 【解析】本题考查在职培训。特殊培训是使企业将劳动力从可变投入要素变成半固定生产要素的重要原因之一。

50. A 【解析】本题考查劳动力跨职业流动。自愿性职业流动基本是属于向上流动，而非自愿性流动也会追求向上的目标或要求水平流动。

51. C 【解析】本题考查社会保险法律关系。从社会保险责任划分的社会保险法律关系主体包括：国家、社会保险的管理和经办机构、用人单位、劳动者及其家庭。从保险业务划分的社会保险法律关系主体包括：保险人、投保人、被保险人、受益人、管理人、监督人。

52. A 【解析】本题考查劳动合同履行的原则。用人单位注册地的有关标准高于劳动合同履行地的有关标准，且用人单位与劳动者约定按照用人单位注册地的有关规定执行的，从其约定。

53. C 【解析】本题考查劳动合同的解除。用人单位因劳动者过失可以随时解除劳动合同，劳动者有下列情形之一的，用人单位可以解除劳动合同：(1)在试用期间被证明不符合录用条件的；(2)严重违反用人单位的规章制度的；(3)严重失职、营私舞弊，对用人单位造成重大损害的；(4)劳动者同时与其他用人单位建立劳动关系，对完成本单位的工作任务造成严重影响，或者经用人单位提出，拒不改正的；(5)因劳动者以欺诈、胁迫的手段或者乘人之危，使用人单位在违背真实意思的情况下订立或者变更劳动合同致使劳动合同无效的；(6)被依法追究刑事责任的。

54. B 【解析】本题考查劳动合同履行与变更。《劳动合同法》规定：用人单位变更名称、法定代表人、主要负责人或者投资人等事项，不影响劳动合同的履行；用人单位发生合并或者分立等情况，原劳动合同继续有效，劳动合同由承继其权利义务的用人单位继续履行。

55. B 【解析】本题考查劳动争议处理的基本原则。题干反映的是公正原则。

56. B 【解析】本题考查劳动争议诉讼的程序。人民法院审理劳动争议案件，实行两审终局制。

57. C 【解析】本题考查生育保险制度的概念。生育保险制度是国家通过社会保险立法，对女职工因生育子女而导致暂时丧失劳动能力和正常收入时，由国家或社会提供物质等方面帮助的一项社会保险制度。

58. B 【解析】本题考查用人单位违反《中华人民共和国社会保险法》的法律责任。用人单位不办理社会保险登记的，社会保险行政部门责令其限期改正；逾期不改正的，(对企业)处应缴社会保险费数额1倍以上3倍以下的罚款，(对其直接负责的主管人员和其他直接责任人员)处500元以上3 000元以下的罚款。

59. B 【解析】本题考查劳动监察。劳动行政部门对违反劳动和社会保险法律、法规或规章的行为的调查，应当自立案之日起60个工作日内完成。

60. D 【解析】本题考查用人单位违反劳动法律的责任。用人单位违反劳动保障法律、法规或规章，由劳动行政部门给予警告，责令限期改正，并可以按照受害的劳动者每人100元以上500元以下的标准计算，处以罚款。

二、多项选择题

61. ABCD 【解析】本题考查公平理论。公平理论认为，员工会将自己的产出与投入比与别人的产出与投入比进行比较。这里的"投入"包括员工所受的教育、资历、工作经验、忠诚和承诺、时间和努力、创造力以及工作绩效。选项E属于产出。

62. AC 【解析】本题考查奥尔德弗的ERG理论。ERG理论认为，生存需要指个体的生理需要和物质需要，或个体维持生存的物质条件，这些需要大体和马斯洛需要层次理论中的全部生理需要和部分安全需要相对应。

63. ABCE 【解析】本题考查行政层级式组织形式。行政层级式组织形式的决定因素包括权力等级、分工、规章、程序规范、非个人因素、技术能力。

64. ABDE 【解析】本题考查创新战略组织的人力资源管理。选项C说法错误，员工的基本薪酬往往不是取决于内容非常清晰的职位范围和职责，而是更多地取决于员工的创新能力和技术水平。

65. ABCD 【解析】本题考查人力资源需求与供给结构不匹配时的组织对策。在这种供求结构不对等的情况下，组织需要采取的措施可能包括：(1)加强对现有人员的培训开发，以使他们能够胜任当前尤其是未来的工作需要；(2)在现有人员胜任未来的工作有困难的情况下，组织可能需要通过到期终止劳动合同、自然退休等方式，逐渐让现有的一些员工离开组织，同时从组织外部招聘高素质的新员工，从而为未来新的工作需要储备足够的人才；(3)如果组织仍然处于扩张期，人力资源需求在不断增长，则可以在可能的情况下将原来的一些技能不足的老员工逐渐替换到一些辅助性的工作岗位上，把一些重要的生产、管理类岗位留给那些后来招聘的有能力的候选人。

66. ACDE 【解析】本题考查无领导小组讨论。无领导小组讨论常见的问题形式：开放式问题、两难性问题、多项选择问题、操作性问题、资源争夺性问题。

67. ABDE 【解析】本题考查绩效改进效果评价。通常可以从以下四个维度来评价绩效改进：(1)反应，即员工、客户、供应商对改进结果的反应；（2）学习或能力，即绩效改进实施后，员工能力素质的提升程度；（3）转变，即改进活动对工作方式的影响；（4）结果，即绩效改进所达成的结果与预期的对比。

68. ADE 【解析】本题考查股票期权的缺点。选项B、C是限制性股票的缺点。

69. ACD 【解析】本题考查组织层次的职业生涯管理方法。选项B、E属于个人层次的职业生涯管理方法。

70. BCD 【解析】本题考查劳动关系运行的实体规则。劳动者个人的权利，主要包括劳动就业权、工资报酬权、休息休假权、社会保障权、职业安全卫生权、职业培训权、劳动争议提请处理权等。

71. ABCD 【解析】本题考查公务员培训。公务员培训主要分为出任培训、任职培训、专门业务培训和在职培训。

72. BCDE 【解析】本题考查劳动力市场的特征。劳动力市场具有的特征包括：（1）劳动力市场的特殊性；（2）劳动力市场的多样性；（3）劳动力市场的不确定性；（4）劳动力市场交易对象的难以衡量性；（5）劳动力市场交易的延续性；（6）劳动力市场交易条件的复杂性；（7）劳动力出售者地位的不利性。

73. ABC 【解析】本题考查劳动力需求及其影响因素。除了对劳动力的需求之外，对资本或机器设备等生产资料的需求也是一种派生需求，并且劳动力在生产过程中通常需要与资本共同作用才能创造出产品。

74. ACDE 【解析】本题考查工资性报酬差别与劳动力市场歧视。男性与女性之间工资性报酬差距的形成通常可从年龄和受教育程度、职业、工时和工作经验等方面来解释。

75. ADE 【解析】本题考查教育投资的社会收益。教育投资有助于降低失业率，从而减少失业福利支出。父母的受教育水平在很大程度上会影响下一代的健康以及受教育状况。

76. BCDE 【解析】本题考查社会保险法律关系客体。社会保险法律关系客体是社会保险关系主体的权利与义务所指的对象，可以是资金、物，也可以是服务行为。

77. AD 【解析】本题考查劳务派遣。选项B错误，劳务派遣单位与同一被派遣劳动者只能约定一次试用期。选项C错误，用人单位不得设立劳务派遣单位向本单位或者所属单位派遣劳动者。选项E错误，劳动合同用工是我国企业的基本用工形式，劳务派遣用工是补充形式。

78. ABCD 【解析】本题考查劳动争议的范围。我国境内企业、个体经济组织、民办非企业单位等组织及国家机关、事业组织、社会团体和与之建立劳动关系的劳动者，事业单位与本单位实行聘用制的工作人员，因劳动权利义务产生分歧而引起的争议属于劳动争议。选项E不属于劳动争议。

79. BCE 【解析】本题考查商业医疗保险的险种。目前我国商业医疗保险的险种主要有：基础医疗保险、大病保险、伤残保险和与基本医疗保险衔接的大病保险。

80. ABCE 【解析】本题考查劳动监察。根据《劳动保障监察条例》的规定，劳动保障监察机构查处用人单位或者劳动者违法行为的程序为：立案、调查、处理、告知。

三、案例分析题

（一）

81. C 【解析】本题考查三重需要理论。亲和需要强的人往往重视被别人接受和喜欢，他们追求友谊和合作。

82. A 【解析】本题考查三重需要理论。成就需要高的人的特点是有较强的责任感，希望能够得到及时的反馈，选择适度风险。

83. B 【解析】本题考查三重需要理论。权力需要高的人喜欢支配、影响别人，喜欢"发号施令"，十分重视争取地位和影响力。

84. C 【解析】本题考查三重需要理论。杰出的经理都有较高的权力欲望，较低的亲和需要，成就需要高的人可以是好职员，却不一定是好经理，所以本案例中小马较为合适被选为经理。

(二)

85. B 【解析】本题考查按职能划分的组织形式。从题干中可知，改革前，公司内部实行直线—参谋制的组织形式，这属于职能制形式的特点。

86. D 【解析】本题考查矩阵组织形式。矩阵组织形式代表了围绕产品线组织资源及按职能划分组织资源二者之间的一种平衡。

87. C 【解析】本题考查俱乐部型组织文化。从案例中可知，改革前，公司注重员工的资历，这是俱乐部型组织文化的特点。

88. D 【解析】本题考查棒球队型组织文化。棒球队型组织鼓励冒险和革新，所以本题选项 D 正确。

(三)

89. BCD 【解析】本题考查甄选的主要方法。由题干描述可知该公司对员工甄选工作不重视，走过场，可见其面试的标准化程度比较低，选项 A 错误。

90. A 【解析】本题考查预测效度。预测效度所要考察的是员工被雇佣之前的测试分数与其被雇佣之后的实际工作绩效之间是否存在实证性联系。

91. ABC 【解析】本题考查无领导小组讨论。无领导小组讨论对评价者的评分技术要求比较高。

92. D 【解析】本题考查情境化结构面试。情境化结构面试的题目可以划分为两类：一类是以过去的经验为依据，它要求被面试者回答他们在过去的工作中遇到的某种情形，以及他们当时是如何处理的。另一类则是未来导向的，它要求被面试者回答，将来一旦遇到某种假设的情形，他们将会采取怎样的处理措施。

(四)

93. AD 【解析】本题考查劳动力市场。从案例内容可知，该企业倾向于从内部提拔管理人员，所以选项 A 正确。并且在做出晋升决定时，会严格考查员工的绩效等，每一次晋升都有若干候选人，最优秀者胜出，所以选项 D 正确。

94. AB 【解析】本题考查高工资的作用。高工资能够帮助组织吸引到更为优秀的、生产率更高的员工。高工资有利于降低员工的离职率，强化他们的实际生产率。高工资往往能够更容易让人产生公平感。

95. BCD 【解析】本题考查晋升竞赛。从案例可知，在做出晋升决定时，会严格按职员工的历史绩效以及一线的工作时间和发展潜力等因素来进行综合考察，所以选项 B、C、D 正确。

96. BCD 【解析】本题考查晋升竞赛。要在参与晋升竞赛者当前的职位和拟晋升职位之间创造出一种合理的工资差距，工资差距太小会削弱竞赛参与者的努力动机。要看一位候选人最终获得晋升到底是因为实力和绩效原因，还是因为运气因素。由于评价方法、评价内容甚至评价者方面的原因，很可能会导致最终得到的评价结果并不好。

(五)

97. AB 【解析】本题考查劳动合同解除。《劳动合同法》第四十一条规定，需要裁减人员二十人以上或者裁减不足二十人但占企业职工总数百分之十以上的，用人单位提前三十日向工会或者全体职工说明情况，听取工会或者职工的意见后，裁减人员方案经向劳动行政部门报告可以裁减人员。

98. AC 【解析】本题考查劳动合同解除。企业可以依法裁员的情况：(1)依照企业破产法规定进行重整的；(2)生产经营发生严重困难的；(3)企业转产、重大技术革新或者经营方式调整，变更劳动合同后，仍需裁减人员的；(4)其他因劳动合同订立时所依据的客观经济情况发生重大变化，致使劳动合同无法履行的。

99. ABC 【解析】本题考查劳动合同解除与终止。用人单位裁减人员时，应当优先留用下列人员：

(1)与本单位订立较长期限的固定期限劳动合同的；(2)与本单位订立无固定期限劳动合同的；(3)家庭无其他就业人员，有需要扶养的老人或者未成年人的。

100. C 【解析】本题考查解除与终止劳动合同的经济补偿。经济补偿按劳动者在本单位工作的年限，每满一年支付一个月的工资的标准向劳动者支付；6个月以上不满1年的，按1年计算；不满6个月的，向劳动者支付半个月工资。

第三，尽管公司在甄选过程中采用了多种测试方法，但在实际工作中却发现，在当初测试打分较高的人，其实际工作绩效反而不如一些测试分数相对较低的人。

人力资源部就这些情况咨询了相关专家。专家建议针对第一种情况可实施情景化结构面试并建立题库；针对第二种情况可增加无领导小组讨论方法。

89. 根据第一种情况描述的现象，关于该公司招聘面试的说法，正确的是(　　)。

    A. 这家公司的面试标准化程度比较高

    B. 这家公司的面试官可能对应聘相同职位的不同求职者提出不同的问题

    C. 这家公司的面试过程很容易受到面试官个人主观意志的影响

    D. 改善这家公司面试效果的方法之一是对参与面试的管理者进行面试培训

90. 第三种情况说明，该公司员工甄选体系的(　　)比较低。

    A. 预测效度   B. 构想效度

    C. 内部一致性信度   D. 重测信度

91. 关于无领导小组讨论的说法，正确的是(　　)。

    A. 无领导小组能够考察被试者的人际沟通能力、口头表达能力和领导能力

    B. 在无领导小组讨论中，每个人的地位都是平等的

    C. 在无领导小组讨论中，评价者不参与讨论过程

    D. 无领导小组讨论对评价者的评价技术要求比较低

92. 下列面试题目中，属于情境化结构面试题目的是(　　)。

    A. 请谈一谈你本人有哪些优点

    B. 请谈一下你对所面试的工作的认识

    C. 请谈一谈你为什么希望进入本公司

    D. 请你举一个例子，设定一个目标，你如何完成

（四）

计算机专业毕业的研究生小韩非常庆幸自己能够顺利在一家世界知名的国内通信技术公司找到一份研发工作，因为这家公司的工资水平远远超过市场水平，因此每年都有大批毕业生来求职。这家公司的人力资源管理水平很高，在招聘、晋升、绩效、薪酬以及解雇等各人力资源管理领域都制定了非常明确的规划和程序，管理非常规范。入职后小韩发现，该公司非常重视新员工培训，而且倾向于从内部提拔管理人员，公司在做出晋升决定时，会严格按任职员工的历史绩效以及一线的工作时间和发展潜力等因素来进行综合考察、晋升标准和晋升待遇也是非常明确的，每一次晋升都会有若干员工作为候选人，其中最优秀的人将被选拔至上一级领导岗位。

93. 与该公司的人力资源管理实践吻合的特征包括(　　)。

    A. 内部劳动力市场   B. 封闭劳动力市场

    C. 终身雇佣   D. 晋升竞赛

94. 该公司支付高工资的作用在于(　　)。

    A. 吸引优秀的、高生产率员工   B. 降低员工的离职率

    C. 削弱员工的偷懒动机   D. 降低人工成本

95. 该公司做出晋升决策的依据是候选人的(　　)。

    A. 学历   B. 相对绩效水平

    C. 资历   D. 能力

(   )较高的员工。

 A. 成就需要   B. 权力需要

 C. 亲和需要   D. 关系需要

82. 员工小张具有较强的责任感,喜欢及时看到自己工作的绩效和评价,根据三重需要理论,小张属于(   )较高的员工。

 A. 成就需要   B. 权力需要

 C. 亲和需要   D. 关系需要

83. 员工小马喜欢支配、影响别人,喜欢"发号施令",根据三重需要理论,小马属于(   )较高的员工。

 A. 成就需要   B. 权力需要

 C. 亲和需要   D. 关系需要

84. 经过以上分析,王先生计划在以上三人中选出一名经理,则较为合适的人选是(   )。

 A. 小李   B. 小王

 C. 小马   D. 无法确定

(二)

某广告公司面对激烈的市场竞争,为了继续保持市场发展地位,对组织结构和组织文化进行了一系列改革。变革前公司内部实行直线—参谋制的组织形式,这种组织形式下,企业领导负担过重,不能培养具有全面素质、能够经营整个企业的管理人才。变革后实行的是按职能组合与按产品组合相结合的组织设计形式,该组织形式有利于减轻高层管理人员的负担,有利于高层管理人员集中精力制定战略目标、决策与规划。公司还对组织文化进行改革,改革前公司注重员工的资历,忽略了员工的能力与创新,改革后公司鼓励员工进行产品创新,开拓新的服务领域,并设立了创新奖。

85. 该广告公司改革前的组织设计类型属于(   )。

 A. 矩阵式   B. 职能制

 C. 行政层级式   D. 事业部制

86. 该广告公司改革后的组织类型属于(   )。

 A. 无边界组织形式   B. 职能制

 C. 行政层级式   D. 矩阵式

87. 该广告公司变革前的组织文化属于(   )。

 A. 学院型   B. 堡垒型

 C. 俱乐部型   D. 棒球队型

88. 该广告公司变革后的组织文化属于(   )。

 A. 俱乐部型   B. 学院型

 C. 堡垒型   D. 棒球队型

(三)

最近,某公司人力资源部对员工甄选效果进行了评估,发现了一些不太理想的情况。

第一,公司很多管理人员甚至高层管理人员不重视员工甄选工作,参与面试时存在"应付差事""走过场"的情况,向求职者提出的问题天马行空,比较随意。

第二,有些已经录用的员工与公司文化不相匹配,例如有些人沟通能力较差,缺乏团队合作精神,无法融入集体。

56. 人民法院审理劳动争议案件，实行(　　)。
  A. 一审终局制
  B. 两审终局制
  C. 三审终局制
  D. 多审终局制

57. 生育保险制度是指国家通过(　　)立法，对女职工因生育子女而导致暂时丧失劳动能力和正常收入时，由国家或社会提供物质等方面帮助的一项社会保险制度。
  A. 国家宪法
  B. 社会福利
  C. 社会保险
  D. 社会保障

58. 用人单位不办理社会保险登记，由社会保险行政部门责令限期改正；用人单位逾期不改正，除对用人单位处以罚款外，还对其直接负责的主管人员和其他直接责任人员处(　　)的罚款。
  A. 100 元以上 1 000 元以下
  B. 500 元以上 3 000 元以下
  C. 1 000 元以上 5 000 元以下
  D. 2 000 元以上 20 000 元以下

59. 劳动行政部门对违反劳动和社会保险法律、法规或规章的行为的调查，应当自立案之日起(　　)个工作日内完成。
  A. 90
  B. 60
  C. 30
  D. 15

60. 用人单位违反劳动保障法律、法规或规章，由劳动行政部门给予警告，责令限期改正，并可以按照受害的劳动者每人(　　)的标准计算，处以罚款。
  A. 50 元以上 500 元以下
  B. 100 元以上 200 元以下
  C. 100 元以上 300 元以下
  D. 100 元以上 500 元以下

二、**多项选择题**(共 20 题，每题 2 分。每题的备选项中，有 2 个或 2 个以上符合题意，至少有 1 个错项。错选，本题不得分；少选，所选的每个选项得 0.5 分)

61. 公平理论认为，员工会将自己的产出与投入比与别人的产出与投入比进行比较。这里的"投入"包括(　　)。
  A. 资历
  B. 工作经验
  C. 创造力
  D. 工作绩效
  E. 工资和奖金

62. ERG 理论中的生存需要对应马斯洛需要层次理论中的(　　)。
  A. 全部生理需要
  B. 全部安全需要
  C. 部分安全需要
  D. 部分尊严需要
  E. 全部归属的需要

63. 行政层级式组织形式的决定因素包括(　　)。
  A. 规章
  B. 分工
  C. 权力等级
  D. 个人因素
  E. 技术能力

64. 关于实行创新战略的组织的人力资源管理，下列说法正确的有(　　)。
  A. 在人员招募上，更愿意得到富有创新精神和敢于承担风险的人
  B. 在薪酬上必须强调组织与员工的风险共担以及成功分享
  C. 员工的基本薪酬取决于内容非常清晰的职位范围和职责
  D. 更为关注创新的结果，而不是工作过程中的具体行为规范

人力资本投资计划是可行的，否则，就是不可行的，这种衡量人力资本投资模型的方法称为（　　）。

A. 现值法
B. 贴现法
C. 外部收益率法
D. 内部收益率法

48. 从纯粹经济学角度考虑，一个理性的决策应该是对上大学的成本和收益进行分析。上大学成本不包括（　　）。

A. 直接成本
B. 机会成本
C. 心理成本
D. 间接成本

49. 使企业将劳动力从可变投入要素变成半固定生产要素的重要原因之一是（　　）。

A. 一般培训
B. 非正式培训
C. 特殊培训
D. 在职培训

50. 自愿性职业流动基本上是（　　）。

A. 向上流动
B. 向下流动
C. 水平流动
D. 垂直流动

51. 社会保险法律关系主体中不包括（　　）。

A. 承担社会保险费缴纳义务的用人单位
B. 参与社会保险并履行缴纳社会保险费义务的劳务者
C. 依法裁判社会保险争议的人民法院
D. 向劳动者发放社会保险待遇的社会保险经办机构

52. 劳动合同履行地与用人单位注册地不一致，且用人单位注册地的有关标准高于劳动合同履行地的有关标准的，（　　）。

A. 用人单位与劳动者约定按照用人单位注册地的有关规定执行的，从其约定
B. 执行劳动合同履行地的有关规定
C. 由单位决定执行标准
D. 由劳动者决定执行标准

53. 下列情况中，用人单位可以随时与劳动者解除劳动合同的是（　　）。

A. 生产经营发生严重困难的
B. 依照企业破产法规定进行重整的
C. 劳动者严重失职、徇私舞弊的
D. 劳动者不能胜任工作，经过培训或者调整工作岗位，仍不能胜任工作的

54. 符合法律规定的劳动合同处理方式是（　　）。

A. 甲公司更改名称为乙公司，甲公司为劳动者签订的劳动合同不再有效
B. 甲公司分立为乙公司和丙公司，甲公司与劳动者签订的劳动合同不受分立影响继续履行
C. 甲公司更换法定代表人后，新的法定代表人应与劳动者重新签订劳动合同
D. 甲公司和乙公司合并为丙公司后，丙公司应与甲乙公司的劳动者重新签订劳动合同

55. 任何一方在申请调解、仲裁和提起诉讼时，在参加调解、仲裁和诉讼活动时，都享有同等权利，承担的义务也是相同的。这句话描述的是劳动争议处理的（　　）的原则。

A. 合法
B. 公正
C. 及时
D. 着重调解

C. 普遍适用性很低

D. 开发成本相对较高

19. 研究表明，最好的甄选方法是包括工作样本测试、高度结构化的面试以及认知能力测试在内的综合测试，这样一套测试组合的效度系数往往超过(　　)。

    A. 0.10　　　　　　　　　　　　　　　　B. 0.30

    C. 0.60　　　　　　　　　　　　　　　　D. 0.80

20. 标杆超越的实质是(　　)。

    A. 企业的变革　　　　　　　　　　　　　B. 绩效目标的确定

    C. 考核指标的确定　　　　　　　　　　　D. 标杆的树立

21. 针对不同类型的员工，组织应当有的放矢地采取人力资源政策，对于贡献型的员工，组织应(　　)。

    A. 对其进行必要的培训以提升其工作技能

    B. 主管人员应当对其进行绩效辅导

    C. 对其进行必要的惩罚，敦促其改进绩效

    D. 给予必要的奖励

22. 将每项工作的特定行为用一张等级表进行反映，该等级表将每项工作划分为各种行为级别，评价时评估者只需将员工的行为对号入座即可，这种绩效评价方法是(　　)。

    A. 排序法　　　　　　　　　　　　　　　B. 配对比较法

    C. 行为锚定法　　　　　　　　　　　　　D. 行为观察量表法

23. 关于绩效评价常见误区的说法，正确的是(　　)。

    A. 晕轮效应是指主管人员在绩效考核中往往根据最近的印象评价员工

    B. 盲点效应是指主管人员不愿意得罪人，使绩效考核结果没有好坏的差异

    C. 刻板印象是指主管人员在绩效考核中往往受到员工所属群体的影响去评价员工

    D. 近因效应是指主管人员在绩效考核中往往根据最初的印象去评价员工

24. 在绩效改进方法中，通过减少企业业务流程的偏差，使组织的绩效提升到更高的水平，这种方法是(　　)。

    A. 标杆超越　　　　　　　　　　　　　　B. ISO 质量管理体系

    C. 六西格玛管理　　　　　　　　　　　　D. 卓越绩效标准

25. 关于不同公司战略下的薪酬管理特征的说法，不正确的是(　　)。

    A. 采取成长战略的企业往往在短期内提供相对低的基本薪酬

    B. 采取稳定战略的企业薪酬结构中的基本薪酬和福利所占比重通常较高

    C. 采取稳定战略的企业一般采用市场跟随或略低于市场水平的薪酬

    D. 采取收缩战略的企业薪酬结构中的基本薪酬所占比例通常较低

26. 在薪酬体系设计的基本步骤中，可以解决薪酬的内部公平性问题，同时可以得出职位等级序列，建立统一的职位评估标准，这项工作是(　　)。

    A. 心理测评　　　　　　　　　　　　　　B. 职位评价

    C. 薪酬控制　　　　　　　　　　　　　　D. 薪酬调查

27. 在职位评价方法中，需要预先制定一套供参考的等级标准，再将各待定级别的职位与之对照，从而确定该职位的相应级别的是(　　)。

    A. 排序法　　　　　　　　　　　　　　　B. 分类法

·87·

A. 职位分析　　　　　　　　　　　B. 职位评价
C. 绩效管理　　　　　　　　　　　D. 奖金、福利

11. 为了形成有助于降低风险的新型人才队伍调节机制，企业在人才管理方面可以采取的做法是(　　)。
    A. 采用大规模、少批次的人才培养策略
    B. 同时采用制造人才和购买人才两种策略
    C. 建立统一、平等和富有同情心的组织文化
    D. 将相对对立的各种人力资源管理职能加以整合

12. 公司人力资源部门制定未来几年的人力资源规划时应当首先从了解(　　)入手。
    A. 组织结构和业务流程　　　　　　B. 外部劳动力市场状况
    C. 竞争对手的情况　　　　　　　　D. 公司的战略规划

13. 从狭义人力资源规划的角度来说，人力资源规划的流程是(　　)。
    A. 人力资源需求预测—人力资源供给预测—人力资源供求平衡分析—实施人力资源供求平衡计划
    B. 人力资源供求平衡分析—人力资源供给预测—人力资源需求预测—实施人力资源供求平衡计划
    C. 人力资源供求平衡分析—人力资源需求预测—人力资源供给预测—实施人力资源供求平衡计划
    D. 人力资源供给预测—人力资源供求平衡分析—人力资源需求预测—实施人力资源供求平衡计划

14. (　　)是一种基于某种关键的经营或管理指标与组织的人力资源需求量之间的固定比率关系，来预测未来人力资源需求的方法。
    A. 趋势预测法　　　　　　　　　　B. 德尔菲法
    C. 回归分析法　　　　　　　　　　D. 比率分析法

15. 人力资源供求从(　　)角度来看，其对比结果可以分为供小于求、供大于求、供求平衡。
    A. 数量　　　　　　　　　　　　　B. 均衡
    C. 来源　　　　　　　　　　　　　D. 地区

16. 多位被面试者在同一时间和同一场合，共同接受面试官面对面的询问，这种面试称为(　　)。
    A. 单独面试　　　　　　　　　　　B. 系列面试
    C. 小组面试　　　　　　　　　　　D. 集体面试

17. 关于内容效度的说法，正确的是(　　)。
    A. 内容效度的检验主要采用专家判断方法
    B. 内容效度是指能够测量出理论构想的程度
    C. 内容效度反映的是不同评价人员评价结果的一致性
    D. 内容效度反映的是两个测验在内容上的等值性程度

18. 下列关于工作样本测试的优缺点的说法中，错误的是(　　)。
    A. 测试所要求的行为与实际工作所要求的行为之间具有高度的一致性
    B. 这种测试工具的效标效度和内容效度都不高

A. 团队结构形式   B. 虚拟组织形式

C. 无边界组织形式   D. 事业部制组织形式

90. 按照桑南菲尔德提出的组织文化类型，该公司的组织文化属于(　　)。

    A. 学院型   B. 堡垒型

    C. 俱乐部型   D. 棒球队型

91. 该公司所实行的组织形式具有的特点是(　　)。

    A. 灵活性比较高

    B. 管理人员对主要职能活动缺乏有力的控制

    C. 会增加管理费用

    D. 机构相对臃肿

92. 该公司组织文化决定了该公司具有的特点包括(　　)。

    A. 薪酬制度以员工绩效水平为标准

    B. 招聘时，从各种年龄和经验层次的人中寻求有才能的人

    C. 对工作出色的员工予以巨额奖励

    D. 把管理人员培养成通才

（四）

某科技公司成立初期，公司人员较少，单凭领导一双手、一支笔就可以明确给谁多少工资，随意性很大，但人员激增之后，靠过去的老办法显然不灵，并且这样的做法带有强烈的个人色彩，更谈不上公平性、公正性和竞争性了。为了改变这种情况，人力资源部对公司的薪酬体制进行调查后发现，该公司的薪酬分配原则不清楚，存在内部不公平；不能准确了解外部，特别是同行业的薪酬水平，无法准确定位薪酬整体水平。

93. 为了解决该公司薪酬的内部公平性问题，应进行(　　)。

    A. 薪酬调查   B. 成本分析

    C. 工作评价   D. 薪酬预算

94. 为了解决该公司薪酬的外部公平性问题，应进行(　　)。

    A. 工作分析   B. 绩效考核

    C. 薪酬调查   D. 薪酬预算

95. 该公司薪酬管理的主要问题有(　　)。

    A. 员工间薪酬分配不公

    B. 薪酬随意性大，没有统一的政策

    C. 薪酬水平没有参考市场水平

    D. 员工之间薪酬水平差距过大

96. 该公司拟实行成长战略的薪酬管理战略，则下列说法正确的是(　　)。

    A. 采取企业与员工共担风险、共享收益

    B. 短期内实行相对较低的基本薪酬

    C. 薪酬决策的集中度比较高

    D. 基本薪酬和福利所占比重较大

（五）

据新闻媒体报道，目前我国高等教育领域存在以下三种现象：第一，一部分家庭较好的大学生在大学期间花费较高，而另一部分家庭较差的大学生则非常节俭。有些家庭条件

81. 案例中实行的绩效薪金制同(   )关系密切。
    A. 强化理论　　　　　　　　　　　　　B. 三重需要理论
    C. 期望理论　　　　　　　　　　　　　D. 公平理论

82. 该公司实行绩效薪金制时，对绩效的考核可以选择的绩效包括(   )。
    A. 个人绩效　　　　　　　　　　　　　B. 部门绩效
    C. 责任绩效　　　　　　　　　　　　　D. 组织绩效

83. 绩效薪金制的主要优点是(   )。
    A. 减少管理人员的工作量　　　　　　　B. 为企业节省成本
    C. 使管理者的监督职能加强　　　　　　D. 使员工的晋升和产品质量挂钩

84. 关于绩效薪金制度的说法，正确的是(   )。
    A. 绩效薪金制中的绩效只能是个人绩效
    B. 对管理者实施按利润分红也是绩效薪金制
    C. 常用的绩效薪金制有计件工资、工作奖金、利润分成、按利分红等
    D. 绩效薪金制的基础是公平、量化的绩效评估体系

（二）

某公司成立时只有一百多名员工，经过几年发展，在国外成功上市，公司业务及人员迅速发展，现有员工一千五百多人，公司从内部提拔了一批管理干部，这些干部都是业务骨干，经过一段时间发现，这些干部不善于管理，为了改变这种局面，公司聘请了人力资源专家为公司新提拔的领导干部进行了培训。

85. 公司个别干部在管理中主要依靠对员工的奖励和惩罚来影响员工的绩效，这些干部属于(   )。
    A. 魅力型领导　　　　　　　　　　　　B. 交易型领导
    C. 变革型领导　　　　　　　　　　　　D. 特质型领导

86. 公司部分干部对员工亲切友善，关心下属的要求，这属于(   )。
    A. 指导式领导　　　　　　　　　　　　B. 参与式领导
    C. 成就取向式领导　　　　　　　　　　D. 支持型领导

87. 公司部分干部对下属漠不关心，只关心业务的完成程度，这属于管理方格理论中的(   )。
    A. 无为而治型　　　　　　　　　　　　B. 乡村俱乐部型
    C. "任务"型　　　　　　　　　　　　　D. 中庸式

88. 人力资源专家对员工进行培训中提到，影响领导者风格选择的一个重要因素是下属的成熟程度，包括(   )。
    A. 工作成熟度　　　　　　　　　　　　B. 心理成熟度
    C. 执行成熟度　　　　　　　　　　　　D. 认识成熟度

（三）

某制鞋公司地处新加坡，为全世界约30多个国家和地区400多个经销商生产制造各类运动鞋，是世界知名的制鞋公司。但说起"生产制造"，它没有一个车间和生产员工，而是与很多国家和地区的10 000多个制鞋公司保持密切的业务联系。该公司注重发明创造，鼓励冒险和革新。

89. 该公司的组织结构形式属于(   )。

A. 5%   B. 10%

C. 15%   D. 20%

58. 以欺诈、伪造证明材料或者其他手段骗取社会保险基金支出或者骗取社会保险待遇的，应当退回，并处骗取金额(   )的罚款。

   A. 1倍以上3倍以下   B. 1倍以上5倍以下

   C. 2倍以上5倍以下   D. 5倍以上

59. 下列情况，可以撤销具体行政行为或撤销部分具体行政行为的是(   )。

   A. 主要事实清楚   B. 使用依据错误

   C. 符合法律规定   D. 属于职权范围

60. 用人单位违反规定解除或者终止劳动合同的，应当依照《劳动合同法》规定的经济补偿标准的(   )倍向劳动者支付赔偿金。

   A. 1   B. 2

   C. 3   D. 4

二、多项选择题(共20题，每题2分。每题的备选项中，有2个或2个以上符合题意，至少有1个错项。错选，本题不得分；少选，所选的每个选项得0.5分)

61. 根据麦克里兰提出的三重需要理论，人的核心需要包括(   )。

   A. 生存需要   B. 权力需要

   C. 亲和需要   D. 成长需要

   E. 成就需要

62. 下列关于领导—成员交换理论说法正确的有(   )。

   A. 领导把下属分为"圈里人"和"圈外人"

   B. "圈里人"与领导打交道时比"圈外人"困难少

   C. 领导者倾向于对"圈里人"投入更多的时间、感情

   D. 领导很少对"圈外人"采用正式领导权威

   E. "圈里人"承担更高的工作责任感

63. 下列属于现代组织发展方法的有(   )。

   A. 结构技术   B. 敏感性训练

   C. 调查反馈   D. 全面质量管理

   E. 团队建设

64. 人力资源管理职能和战略规划职能之间存在的联系包括(   )。

   A. 行政管理联系   B. 单向联系

   C. 双向联系   D. 一体化联系

   E. 纵向联系

65. 关于人力资源预测方法的趋势预测法的说法正确的有(   )。

   A. 是一种简单的时间序列分析方法

   B. 该方法实用性比较强

   C. 该预测方法比较精细

   D. 预测的准确度会打一定的折扣

   E. 使用时要确保经营环境及重要技术的稳定

66. 履历分析技术对作为分析对象的履历的要求有(   )。

C. 净现值法   D. 投资回收期法

49. 在对上大学的收益估计的时候，通常考虑的是货币性报酬，但事实上，上大学所获得的超过高中毕业生的报酬还包括福利部分。这反映了教育投资私人收益估计偏差的(　　)。
A. 高估偏差   B. 低估偏差
C. 能力偏差   D. 选择性偏差

50. 关于劳动力在产业间流动和产业内部流动的说法，正确的是(　　)。
A. 劳动者因工厂倒闭而回乡务农的情况不属于劳动力跨产业流动
B. 从农业部门流入工业部门的劳动者通常一开始只能从事蓝领工作
C. 在劳动力跨产业流动中，相对工资水平高的产业往往呈现人员净流出状态
D. 失业率较高的产业部门往往面临更低的劳动力流动率

51. 基本养老保险不包括(　　)。
A. 职工基本养老保险   B. 新型农村社会养老保险
C. 城镇居民社会养老保险   D. 病残津贴和遗属抚恤制度

52. 劳动者因(　　)而解除劳动合同是不符合法律规定的。
A. 用人单位没有在劳动者加班后立即支付加班费
B. 用人单位未及时足额向劳动者支付工资
C. 用人单位以威胁手段强迫劳动者劳动
D. 用人单位没有为劳动者缴纳社会保险费

53. 用人单位为劳动者提供专项培训费用，对其进行专业技术培训的，可以与该劳动者订立协议，约定(　　)。
A. 试用期   B. 培训期
C. 服务期   D. 考察期

54. 关于劳务派遣的说法，错误的是(　　)。
A. 劳务派遣单位可以采取非全日制用工形式招用被派遣劳动者
B. 因劳务派遣单位存在违法行为给被派遣劳动者造成损害，劳务派遣单位与用工单位承担连带赔偿责任
C. 劳务派遣单位不得向被派遣劳动者收取费用
D. 劳务派遣单位应当将劳务派遣协议的内容告知被派遣劳动者

55. 用人单位有证据证明，劳动人事争议仲裁委员会作出的终局裁决违反法定程序，可以自收到仲裁裁决书之日起(　　)日内，向劳动人事争议仲裁委员会所在地的中级人民法院申请撤销裁决。
A. 7   B. 10
C. 15   D. 30

56. 劳动人事争议仲裁委员会受理案件后，发现不应当受理的，应当撤销案件，并自决定撤销案件后(　　)日内，书面通知当事人。
A. 3   B. 5
C. 7   D. 10

57. 基本医疗保险中统筹基金支付起付标准，大致在当地职工年平均工资的(　　)左右，如患者住院，个人首先要用个人账户或自付费用。

A. 和悦性   B. 公正性

C. 责任心   D. 情绪性

19. 改善面试效果的主要方法不包括( )。

    A. 采用情境化结构面试   B. 面试前做好充分准备

    C. 采用压力面试   D. 系统培训面试考官

20. 绩效管理在人力资源管理中的作用包括( )。

    A. 有助于组织内部的沟通   B. 有助于促进员工的自我发展

    C. 有助于管理者成本的节约   D. 帮助组织更有效地实行员工开发

21. 在绩效评价过程中，如果主管给自己信任和宠爱的部下较高的分数，对不喜欢的员工给予较低的评价，从而导致评价结果失真，该种效应属于( )。

    A. 趋中倾向   B. 过宽或过严倾向

    C. 刻板印象   D. 晕轮效应

22. 绩效计划的制定不需要的原则是( )。

    A. 价值驱动原则   B. 个性化原则

    C. 职位特色原则   D. 突出重点原则

23. 根据某项评价标准将每位员工逐一与其他员工比较，选出每次比较的优胜者，最后根据每位员工获胜的次数进行绩效排序，这种绩效考评方法是( )。

    A. 行为观察量表法   B. 行为锚定法

    C. 强制分布法   D. 配对比较法

24. 关于团队绩效考核的说法，正确的是( )。

    A. 确定团队绩效考核指标与个人绩效考核指标的方法无明显差异

    B. 在进行团队绩效考核时，成员之间不应进行沟通

    C. 团队绩效考核指标可采用工作流程图方法确定

    D. 团队绩考核主要评价团队负责人的绩效

25. 对于追求成长战略的企业来说，其薪酬管理的指导思想是( )。

    A. 追求效率最大化、成本最小化

    B. 要稳定现有的掌握相关工作技能的员工

    C. 将企业的经营业绩与员工收入挂钩

    D. 企业与员工共担风险，共享收益

26. 下列职位评价方法中，主要适用于大规模企业中的管理类职位的是( )。

    A. 排序法   B. 分类法

    C. 因素比较法   D. 要素计点法

27. 关于我国员工持股计划的说法，正确的是( )。

    A. 每期员工持股计划的持股期限不得低于 24 个月

    B. 以非公开发行方式实施的员工持股计划的持股期限不得低于 40 个月

    C. 上市公司全部有效的员工持股计划持有的股票总数累计不得超过公司总股本的 15%

    D. 单个员工所获取股份权益对应的股票总数累计不得超过公司股本总额的 1%

28. 通常以股票期权的形式支付，其收入状况与企业的经济效益和市场环境相关，这部分收入是经营者的( )。

    A. 基本薪酬   B. 奖金

9. 强调内部晋升，从外部招募和录用低级别职位的员工，然后不断地把员工一步一步培养到中高层管理职位的人力资源战略是(   )。
   A. 强化战略
   B. 稳定战略
   C. 收缩战略
   D. 成长战略

10. 在人才管理中，要建立多元化的员工价值主张，培养新型组织文化，下列说法错误的是(   )。
    A. 为不同类型的员工提供令人信服的为自己工作的理由
    B. 将传统的命令型领导转变为影响型领导
    C. 建立统一、平等的组织文化
    D. 组织文化建设中不应有同情心

11. 从高绩效管理系统的定义来看，其核心理念即组织的人力资源管理系统必须与组织的(   )保持一致。
    A. 薪酬福利
    B. 企业培训开发
    C. 战略和目标
    D. 预期利润

12. 人力资源规划就是指组织根据(   )，采用科学的手段来预测组织未来可能会遇到的人力资源需求和供给状况，进而制定必要的人力资源获取、利用、保留和开发计划。
    A. 自身战略的需要
    B. 社会环境的需要
    C. 自身经济利益的需要
    D. 社会生产力水平的需要

13. 在人力资源需求预测方法中，(   )实际上是一种简单的时间序列分析法。
    A. 趋势预测法
    B. 德尔菲法
    C. 比率分析法
    D. 经验判断法

14. 关于人力资源供给预测的说法，错误的是(   )。
    A. 它要求企业能够获得人力资源数量、质量和结构
    B. 它不需要了解外部劳动力市场的供给情况
    C. 它常常需要用到人力资源技能库中的信息
    D. 它可能会用到马尔科夫分析法

15. 业务外包是指企业将整块工作都委托给外部组织完成，这种方式的好处不包括(   )。
    A. 适当控制和精简企业人员数量
    B. 有助于提升人力资源管理的价值
    C. 使人力资源部门从日常事务中解放出来，把精力集中在战略层面上
    D. 具有较高的灵活性，使企业免除管理任务以及财务负担

16. 下列属于人力资源供给预测方法的是(   )。
    A. 趋势预测法
    B. 德尔菲法
    C. 回归分析法
    D. 人员替换分析法

17. 某公司招聘新员工时采用了人格测试，具体方式是向求职者提供一些刺激情境，然后让求职者自由地表达对刺激情境的认识和理解，这种测试方法是(   )。
    A. 标杆法
    B. 投射法
    C. 评价量表法
    D. 自陈量表法

18. 研究表明，"大五"人格实际上是一个人在五个人格特征方面的表现，其中不包括的特征为(   )。

B. 劳动密集型企业的劳动力需求自身工资弹性较低

C. 该地区的劳动力供给量比较大

D. 该地区的产品需求价格弹性较大，这种情况不利于工资水平的提高

90. 关于第二种情况，下列说法正确的是(　　)。

A. 劳动力需求的交叉工资弹性是指劳动力自身的工资率变化1%导致的另外一种劳动力的需求量变化百分比

B. 男性和女性劳动力的交叉工资弹性为负值，这说明两种劳动力之间是一种总替代关系

C. 男性和女性劳动力的交叉工资弹性为负值，这说明两种劳动力之间是一种总互补关系

D. 当男性劳动力的工资率上涨时，女性劳动力需求会出现上升

91. 根据第三种情况，该地区在未来几年中将会出现(　　)。

A. 工资率和就业人数同时上升的情况

B. 工资率上涨而就业人数不变的情况

C. 工资率不变而就业人数上升的情况

D. 劳动力市场无法实现均衡的情况

92. 根据第四种情况，下列说法中正确的是(　　)。

A. 该行业的劳动力供给在未来几年会出现大幅度增加

B. 该行业的劳动力需求在未来几年会出现大幅度增加

C. 该行业未来几年可能出现工资率下降，但是就业人数上升的情况

D. 该行业未来几年可能出现工资率和就业人数同时上升的情况

(四)

某人力资源咨询机构在对劳动力市场调研后发现了一些现象：现代社会中，已婚女性出去找工作的现象比较普遍，已婚女性已不再满足于在家做家务。与此相反，一些发达国家中的老年人大多选择了提前退休，提前退出了劳动力市场。另外还发现，一般的劳动经济理论认为，在其他条件不变的情况下，工资率上涨会导致劳动力的需求量下降，但是在很多时候，企业并没有在工资上涨的情况下解雇员工。理论上认为，当其他企业提供的工资水平更高时，员工会从工资水平低的企业跳槽去工资水平更高的企业，但是在现实中，很多员工明明知道另外一家企业工资水平更高一些，也不会从本单位辞职。

93. 可能导致女性的劳动力参与率上升的原因包括(　　)。

A. 女性的相对工资率上升　　　　　　　B. 离婚率上升

C. 工作机会增加　　　　　　　　　　　D. 女性的配偶有着较高的经济收入

94. 造成发达国家老年人提前退休的原因是(　　)。

A. 工资率提高带来的收入效应高于替代效应

B. 工资率提高带来的收入效应低于替代效应

C. 健康状况下降，闲暇的重要性上升

D. 养老金福利的增加

95. 导致很多企业不轻易解雇员工的原因是(　　)。

A. 解雇员工会导致企业已经承担的搜寻和筛选成本流失

B. 解雇员工会导致企业已经承担的培训成本流失

C. 这些企业支付给员工的工资水平已经高于市场水平

D. 经常解雇员工不仅会使企业将来招人困难，而且可能会损失留任员工的生产率

82. 按照领导风格理论，老赵的领导风格属于(　　)。

A. 中庸式领导风格
B. "乡村俱乐部"式领导风格
C. "无为而治"式领导风格
D. "任务指导型"领导风格

83. 从领导技能的角度看，成功的领导需要具备的技能包括(　　)。

A. 技术技能
B. 人际技能
C. 概念技能
D. 发展技能

84. 领导生命周期理论认为，影响员工成熟度的因素有(　　)。

A. 年龄
B. 能力
C. 意愿
D. 学历

(二)

为了提高党政基层机构的执政能力，某市市委为200多名后备干部举办了一次培训。在培训班上，从事领导科学研究的李教授为学员们做了专场报告，系统地介绍了领导行为理论，这些理论既包括传统的特质理论，也包括现代备受欢迎的魅力型领导理论、路径—目标理论以及领导—成员交换理论。李教授的讲座让学员们受益匪浅，很多人表示要把这些知识应用到自己的管理实践中。

85. 路径—目标理论的提出者是(　　)。

A. 罗伯特·豪斯
B. 伯恩斯
C. 麦克格雷斯
D. 布莱克

86. 在路径—目标理论中，领导行为与结果之间的中间变量有(　　)。

A. 下属的经验
B. 领导的成就
C. 下属的能力
D. 领导者的个性

87. 关于领导—成员交换理论的说法，正确的是(　　)。

A. 领导—成员交换理论强调领导公平对待每一个成员
B. 领导—成员交换理论认为领导与下属的交换是一个互惠过程
C. 领导—成员交换理论认为领导不能改变下属的自我概念
D. 领导—成员交换理论反对领导把下属分为"圈里人"和"圈外人"

88. 下列属于魅力型领导者的道德特征的是(　　)。

A. 使追随者的需要和志向与愿景相结合
B. 提升自己的个人愿景
C. 对追随者的需要感觉迟钝
D. 指责或批评相反的观点

(三)

某研究机构对于本地区的劳动力市场状况进行了研究，结果发现以下几种情况：第一，本地区的大部分企业都是劳动密集型企业，同时企业所生产的产品的需求价格弹性也比较大；第二，本地区男性劳动力和女性劳动力之间的交叉工资弹性较高，而且为负值；第三，本地区目前处于一种劳动力市场均衡状态，但是未来几年中，几家新建的企业将投产，而本地区的劳动力供给却不会出现大的变化；第四，某特殊行业的生产规模及所使用的技术没有明显变化，但是，由于该行业过去的工资水平一直很高，本地的年轻人在上大学时纷纷报考与该行业有关的专业，今后几年，预计这些人大学毕业后，绝大部分会回到本地就业。

89. 根据第一种情况，下列说法中正确的是(　　)。

A. 该地区的劳动力需求的自身工资弹性比较高

C. 用人单位和劳动者共同负担　　　　　　D. 劳动者负担

二、**多项选择题**(共20题，每题2分。每题的备选项中，有2个或2个以上符合题意，至少有1个错项。错选，本题不得分；少选，所选的每个选项得0.5分)

61. 马斯洛需要层次理论认为，生理的需要包括(　　　)。
    A. 食物的需要　　　　　　　　　　　　B. 性的需要
    C. 居住场所的需要　　　　　　　　　　D. 情感的需要
    E. 自主权的需要

62. 下列关于路径—目标理论的陈述，正确的有(　　　)。
    A. 采用参与式领导方式，让员工明确别人对他的期望、成功绩效的标准和工作程序
    B. 采用指导式领导方式，主动征求并采纳下属的意见
    C. 补偿员工工作环境方面的不足会促进员工的工作绩效和满意度
    D. 下属的工作是结构化的，则支持型的领导可以带来高绩效
    E. 提出了两个权变因素：下属控制范围之外的环境因素和下属的个人特征

63. 关于组织设计的说法，正确的有(　　　)。
    A. 组织设计在形式上分为静态设计和动态设计
    B. 静态设计只对组织结构进行设计
    C. 动态设计只对组织运行制度进行设计
    D. 现代的组织设计理论同时关注组织结构设计和运行制度设计
    E. 组织设计影响组织文化的形成

64. 人才管理与传统的人力资源管理的一个显著区别在于，它要求组织在人才的获取和保留方面必须具有明显的(　　　)，能够针对外部环境变化作出更为快速的反应。
    A. 可测性　　　　　　　　　　　　　　B. 主动性
    C. 前瞻性　　　　　　　　　　　　　　D. 灵活性
    E. 适用性

65. 下列关于人才管理的说法，不正确的有(　　　)。
    A. 人才是抽象的
    B. 人才不仅仅是指组织中最优秀的员工
    C. 人才管理的关键在于人员培训
    D. 人才的获取和保留方面必须具有前瞻性
    E. 对人才进行评价的重点在于绩效和潜力

66. 下列关于甄选的主要方法中，属于心理测试的是(　　　)。
    A. 能力测试　　　　　　　　　　　　　B. 人格测试
    C. 职业兴趣测试　　　　　　　　　　　D. 工作样本测试
    E. 评价中心技术

67. 下列属于绩效管理工具的有(　　　)。
    A. 目标管理法　　　　　　　　　　　　B. 标杆超越法
    C. 关键事件法　　　　　　　　　　　　D. 平衡计分卡法
    E. 不良事故评估法

68. 关于绩效考核和绩效管理的说法，正确的有(　　　)。
    A. 有效的绩效考核是对绩效管理的有力支撑

51. 下列不属于用人单位履行劳动合同应承担的义务的是(　　)。
    A. 向劳动者及时足额支付劳动报酬
    B. 不得强迫或者变相强迫劳动者加班
    C. 向劳动者提供福利
    D. 应当保护劳动者的生命安全和身体健康

52. 关于劳动合同的解除，下列说法错误的是(　　)。
    A. 用人单位与劳动者协商一致，可以解除劳动合同
    B. 劳动者同时与其他用人单位建立劳动关系，对完成本单位的工作任务造成严重影响，用人单位可以解除劳动合同
    C. 未按照劳动合同约定提供劳动保护，劳动者可以无须提前通知用人单位解除劳动合同
    D. 用人单位对已经解除或者终止的劳动合同的文本，至少保存1年备查

53. 被派遣劳动者在无工作期间，劳务派遣单位应当按照(　　)，向其按月支付报酬。
    A. 全国社会平均工资标准
    B. 所在地人民政府规定的最低工资标准
    C. 劳动者要求的标准
    D. 所在地在岗职工平均工资

54. 劳动者或者用人单位向劳动争议仲裁委员会申请仲裁，仲裁费(　　)。
    A. 应由用人单位交纳
    B. 无须交纳
    C. 应由败诉一方交纳
    D. 应由提出仲裁申请的一方交纳

55. 因用人单位作出的开除、除名、辞退、解除劳动合同、减少劳动报酬、计算劳动者工作年限等决定而发生的劳动争议，(　　)负举证责任。
    A. 用人单位
    B. 劳动者
    C. 劳动争议调解仲裁委员会
    D. 劳动监察部门

56. 下列情形中，属于领取基本养老保险病残津贴条件的是在未达到法定退休年龄时(　　)。
    A. 因工伤部分丧失劳动能力
    B. 因工伤完全丧失劳动能力
    C. 因病部分丧失劳动能力
    D. 因病完全丧失劳动能力

57. 个人根据国家有关政策规定缴付的企业年金或职业年金个人缴费部分，在不超过本人缴费工资计税基数的(　　)标准内的部分，暂从个人当期的当纳税所得额中扣除。
    A. 1%
    B. 2%
    C. 4%
    D. 5%

58. 职工受到事故伤害后，用人单位不认为是工伤，而职工或者其直系亲属认为是工伤的，由(　　)承担举证责任。
    A. 职工或者其直系亲属
    B. 用人单位
    C. 劳动行政部门
    D. 工会组织

59. 社会保险行政部门应当自受理工伤认定申请之日起(　　)日内作出工伤认定的决定，并书面通知申请工伤认定的职工或者其直系亲属和该职工所在单位。
    A. 15
    B. 30
    C. 45
    D. 60

60. 城镇职工基本医疗保险基金的筹集方式是(　　)。
    A. 国家与用人单位共同负担
    B. 用人单位负担

C. 对于那些有专利权或者需要严格的安全保障措施才能完成的工作实行离岸经营

D. 非带薪休假或放假的方式为一部分员工提供了更多的自由休息时间

21. （　　）又称为标准化面试。

A. 非结构化面试　　　　　　　　　　　B. 结构化面试

C. 系列面试　　　　　　　　　　　　　D. 集体面试

22. 从团队的角度来看，（　　）高和责任心强的员工可能更为适应团队工作环境。

A. 外向性　　　　　　　　　　　　　　B. 宜人性

C. 开放性　　　　　　　　　　　　　　D. 情绪稳定性

23. 差异化战略的核心是（　　）。

A. 不断开拓新市场　　　　　　　　　　B. 细分市场

C. 独特的产品与服务　　　　　　　　　D. 标准化

24. 设计平衡计分卡法指标体系的基本出发点是（　　）。

A. 绩效指标　　　　　　　　　　　　　B. 企业战略和竞争目标

C. 平衡计分卡　　　　　　　　　　　　D. 各级指标的评估标准

25. 采用差异化战略的企业适宜采用的绩效考核方法是（　　）。

A. 以结果为导向的方法　　　　　　　　B. 以行为为导向的方法

C. 标杆超越法　　　　　　　　　　　　D. 目标管理法

26. 职位评价中使用较早的一种较为简单、最易于理解的评价方法是（　　）。

A. 分类法　　　　　　　　　　　　　　B. 排序法

C. 因素比较法　　　　　　　　　　　　D. 要素计点法

27. 个人不需要以现金或支票支付行权费用，证券商以出售部分股票获得的收益来支付行权费用，并将余下股票存入经理人个人账户，这种股票期权的执行方式是（　　）。

A. 现金行权　　　　　　　　　　　　　B. 无现金行权

C. 现金行权并出售　　　　　　　　　　D. 无现金行权并出售

28. 公司给予计划参与人一种权利，不实际买卖股票，仅通过模拟股票市场价格变化的方式，在规定时段内，获得由公司支付的行权价格与行权日市场价格之间的差额，这种股权激励方式是（　　）。

A. 股票期权　　　　　　　　　　　　　B. 限制性股票

C. 股票增值权　　　　　　　　　　　　D. 业绩股份

29. （　　）是工作分析的重要成果文件，是职位评价的主要信息来源。

A. 企业战略　　　　　　　　　　　　　B. 绩效评价

C. 工作规范　　　　　　　　　　　　　D. 职位说明书

30. 评估培训与开发效果时，最重要的评估是（　　）。

A. 反应评估　　　　　　　　　　　　　B. 学习评估

C. 投资收益评估　　　　　　　　　　　D. 结果评估

31. 具有分析能力、人际沟通能力和情绪控制能力的强强组合特点的职业生涯锚是（　　）。

A. 技术/职能能力型　　　　　　　　　　B. 管理能力型

C. 自主独立型　　　　　　　　　　　　D. 创造型

32. 关于培训与开发的说法，错误的是（　　）。

A. 培训与开发是对人力资源的投资

C. 岗位职责   D. 分布规模

10. 通过无结构小组的交互方式来改善行为的组织发展方法属于(　　)。

  A. 敏感性训练   B. 调查反馈

  C. 质量圈   D. 全面质量管理

11. 战略性人力资源管理过程中,(　　)需要先回答"我们在为客户创造价值的时候,需要完成哪些最为关键的活动,同时需要完成哪些对关键活动提供支持的其他重要活动?"

  A. 界定组织的经营战略   B. 描绘组织的价值链

  C. 设计战略地图   D. 制作人力资源计分卡

12. "为了实现组织的整体战略目标需要完成的各种重要活动之间存在怎样的驱动关系? 驱动组织战略实现的源泉在哪里?"体现了战略性人力资源管理的(　　)步骤。

  A. 描绘组织的价值链   B. 设计战略地图

  C. 制作人力资源计分卡   D. 界定组织的经营战略

13. (　　)是建立在战略规划和人力资源管理之间的持续互动基础之上的,而不是有一定先后顺序的单方向推进过程。

  A. 行政管理联系   B. 单向联系

  C. 双向联系   D. 一体化联系

14. 当企业人力资源供求达到平衡时,下列做法中正确的是(　　)。

  A. 不采取行动   B. 缩短工作时间

  C. 非雇佣措施   D. 提前退休

15. 下列选项中,针对具体职位进行人力资源供给预测的方法是(　　)。

  A. 趋势预测法   B. 马尔科夫分析法

  C. 回归分析法   D. 人员替换分析法

16. 在无领导小组讨论中,组织者给被测试者提供一些材料、工具或者道具,让他们利用这些材料设计出一个或一些指定的物体,这是(　　)。

  A. 开放式问题   B. 封闭式问题

  C. 操作性问题   D. 多项选择问题

17. (　　)是指通过分析和比较高绩效组织与本组织之间所存在的重要差异,明确高绩效组织的哪些政策和实践使它们变得更为优秀,这样就可以确定本组织可以通过在哪些方面进行改进而提升本组织的有效性。

  A. 标杆管理   B. 绩效管理

  C. 组织管理   D. 层级管理

18. 企业进行裁员的主要原因不包括(　　)。

  A. 降低劳动力成本   B. 新技术的应用

  C. 经营地点的改变   D. 组织领导人的调整

19. 迄今为止在实践中运用最广泛的一种人员甄选方法是(　　)。

  A. 面试   B. 成就测试

  C. 履历分析   D. 评价中心技术

20. 关于人力资源供求平衡的方法分析,下列说法错误的是(　　)。

  A. 雇用临时员工有较高的灵活性

  B. 在减少未来劳动力过剩的方法中,降级的见效速度快、员工受伤害程度高

A. 绩效计划的制订是自下而上进行的

B. 公司主管在绩效计划制订的过程中没有充分发挥作用

C. 上下级之间缺乏对绩效目标和计划的讨论

D. 制订绩效计划的时间周期过长

88. 对于该公司的海外机构的绩效考核,适宜采取的策略有(　　　)。

A. 绩效考核不仅要关注业绩,而且要突出战略方向,强调长远发展

B. 采取以工作结果为导向的绩效考核方法

C. 采取基于员工特征的绩效考核方法

D. 以同事作为考核的主体

（三）

某机床厂因订单减少,开工不足,近5年来第一次发生亏损。厂长于是考虑精简人员,为此他来到人力资源部听取意见,素来以铁面无私著称的小李刚从财务部轮岗上任,他从财务部成本的角度认为裁员一定能大幅度降低人工成本,并主张以绩效标准为依据,裁减绩效差的员工或者实施减薪方案;而一直从事员工关系管理工作的小赵则认为裁员会给企业带来震荡,必须考虑裁员可能给员工带来消极影响,他提出使用自然裁员或提前退休的方法;肖经理从战略人力资源管理角度出发,认为企业的困境不是裁员就能克服的,他主张通过组织的战略分析,开拓新的增长点,从而增加对人力资源的需要。经过调研,厂长感觉裁员确实不能草率地实施,决定先实施人力资源规划,以此确定具体的应对方案。

89. 实施人力资源规划对解决该企业当前困境的意义是(　　　)。

A. 有助于降低人力资本开支　　　　　B. 有利于组织战略目标的实现

C. 有助于改善员工的福利　　　　　　D. 有助于提高企业的薪酬水平

90. 当人力资源需求小于供给时,有效的应对策略是(　　　)。

A. 冻结雇用　　　　　　　　　　　　B. 延长现有员工的工作时间

C. 改进生产技术　　　　　　　　　　D. 加强员工培训

91. 在该企业人力资源部提出的方案中,关于裁员的说法错误的是(　　　)。

A. 裁员有助于提升人力资源管理的价值

B. 成功裁员的关键在于采用手术式的战略裁员

C. 管理不当的裁员将会导致人才流失

D. 裁员在成本削减方面会产生立竿见影的效果

92. 在该企业人力资源部提出的方案中,执行速度快、员工受到伤害大的方案是(　　　)。

A. 减薪　　　　　　　　　　　　　　B. 提前退休

C. 自然裁员　　　　　　　　　　　　D. 裁员

（四）

在经济衰退和经济结构调整过程中,老王所在的企业转产,老王被迫下岗待业。为了解决全家的生活收入来源,支付小孩上学费用等问题,老王与妻子商定,原来在家操持家务的妻子到一家家政服务公司上班,以获得的收入补贴家用;而老王在未找到工作之前暂时在家操持家务。

93. 由于老王的下岗,导致其妻子临时就业的这种效应称为(　　　)。

A. 灰心丧气的劳动者效应　　　　　　B. 附加的劳动者效应

D. 通过企业劳动争议调解程序自愿达成协议后，应当自觉履行协议

E. 可选择劳动争议调解程序，并可以拒绝调解而直接向劳动争议仲裁委员会申请仲裁

三、案例分析题(共 20 题，每题 2 分。由单选和多选组成。错选，本题不得分；少选，所选的每个选项得 0.5 分)

(一)

某公司是一家由事业单位转制而成的股份制企业。在转制之前，员工的薪酬基本上是按照职务、技术职称和工龄等来确定的，员工的工资差别不大，所以干多干少一个样，尽管单位的效率不高，但大家觉得挺满足。但改制以后，由于企业要直接面对激烈的市场竞争，所以公司的领导层决定打破传统的薪酬体制，实行绩效薪金制，如今两年过去了，该公司的产值翻了两番，员工的收入也大大增加，大家觉得比以前更满足了。

81. 绩效薪金制的主要优点是( )。
    A. 减少管理人员的工作量
    B. 为企业节省成本
    C. 使管理者的监督职能加强
    D. 使员工的晋升和产品质量挂钩

82. 关于绩效薪金制度的说法，正确的是( )。
    A. 绩效薪金制指将绩效与考勤相结合的激励措施
    B. 绩效薪金制的基础是公平、量化的绩效评估体系
    C. 常用的绩效薪金制有计件工资等
    D. 对管理者实施按利润分红也是绩效薪金制

83. 该公司实行绩效薪金制时，可以选择的绩效包括( )。
    A. 个人绩效
    B. 部门绩效
    C. 责任绩效
    D. 组织绩效

84. 绩效薪金制通常采用的方式有( )。
    A. 计件工资
    B. 计时工资
    C. 按利分红
    D. 利润分成

(二)

某跨国公司有两项主营业务，业务 A 采取成本领先竞争战略，业务 B 采取差异化竞争战略。公司为制订下一年度各部门的绩效计划，在 10 月份就开始了绩效目标的沟通，计划到明年 1 月份最终完成绩效计划的制订。该公司制订绩效计划的程序是：首先由各部门和下属机构提出绩效目标和计划，然后由人力资源部门简单汇总并最终确定。

85. 对于该公司的业务 A，适宜的绩效管理策略有( )。
    A. 采用行为锚定法进行绩效评价
    B. 选择客观的财务指标作为绩效的评价指标
    C. 只选择直接上级作为绩效评价的主体
    D. 以行业内成本领先的企业作为绩效改进的标杆

86. 对于该公司的业务 B，适宜的绩效管理策略有( )。
    A. 采用以员工行为为导向的绩效评价方法
    B. 绩效评价的主体多元化
    C. 适当拉长绩效考核的周期
    D. 将绩效考核的结果充分应用于成本改进

87. 该公司在制订绩效计划的过程中存在的问题有( )。

60. 劳动法律责任的特点不包括( )。

    A. 以违法行为存在为前提   B. 以调解、劝服为主要手段

    C. 以法律制裁为必然后果   D. 由国家强制力保证实施

二、多项选择题(共20题，每题2分。每题的备选项中，有2个或2个以上符合题意，至少有1个错项。错选，本题不得分；少选，所选的每个选项得0.5分)

61. 美国心理学家赫茨伯格认为( )。

    A. 满意的反面是没有满意

    B. 不满的反面是没有不满

    C. 满意的反面是不满

    D. 满意与不满是或此或彼的关系

    E. 满意与不满是二择一的关系

62. 在费德勒的权变模型中，属于情境性因素的有( )。

    A. 领导与下属的关系   B. 工作结构

    C. 职权   D. 员工导向

    E. 生产导向

63. 下列关于决策风格的描述，错误的有( )。

    A. 决策风格具有价值取向与模糊耐受性两种维度

    B. 分析型决策者具有较低的模糊耐受性水平，倾向于关注任务和技术本身

    C. 行为型决策者具有较低的模糊耐受性水平，倾向于关注人和社会

    D. 概念型决策者具有较高的模糊耐受性水平，倾向于关注人和社会

    E. 指导型决策者具有较高的模糊耐受性以及很强的任务和技术取向

64. 关于管理层次与管理幅度关系的说法正确的有( )。

    A. 两者存在反比的数量关系

    B. 两者存在正比的数量关系

    C. 两者存在倒 U 型的关系

    D. 两者相互制约，其中管理层次起主导作用

    E. 两者相互制约，其中管理幅度起主导作用

65. 通常情况下，当一个组织面临人力资源需求小于人力资源供给的情形时，可以采取的主要措施有( )。

    A. 冻结雇用   B. 鼓励员工提前退休

    C. 延长现有员工的工作时间   D. 临时性解雇或永久性裁员

    E. 采用工作分享的方式同时降低工资

66. 关于面试的优缺点，说法正确的是( )。

    A. 简便快捷   B. 容易操作

    C. 没有成本   D. 准确无误

    E. 不需要复杂的专用测试工具和方法

67. 现实型职业兴趣类型的人适合从事的职业有( )。

    A. 技能性职业   B. 技术性职业

    C. 工程设计类工作   D. 企业领导

    E. 会计

C. 不确定   D. 二者无关

50. 劳动合同履行地与用人单位注册地不一致的，有关劳动者的最低工资标准、劳动保护、劳动条件、职业危害防护和本地区上年度职工月平均工资标准等事项，执行(   )的有关规定。

    A. 劳动者与用人单位协商决定   B. 工资标准较高地

    C. 劳动合同履行地   D. 用人单位注册地

51. 在劳动和社会保险法的适用中，如果同位法中特别规定与一般规定不一致，应该(   )。

    A. 适用特别规定   B. 适用一般规定

    C. 适用下位法的规定   D. 适用地方政府规定

52. 用人单位实施裁员时，应当依据劳动合同法优先留用的人员是(   )。

    A. 用人单位使用的劳务派遣人员

    B. 与用人单位订立了短期劳动合同的职工

    C. 在用人单位工作时间长且学历高的职工

    D. 家庭无其他就业人员且有需要抚养的老人的职工

53. 修改《劳动合同法》决定施行前经营劳务派遣业务的单位，应当在本决定施行之日起(   )内依法取得行政许可并办理公司变更登记，方可经营新的劳务派遣业务。

    A. 半年   B. 1 年

    C. 3 个月   D. 6 个月

54. 关于用人单位解除劳动合同的说法，错误的是(   )。

    A. 用人单位与劳动者协商一致，可以解除劳动合同

    B. 用人单位无法缴纳社会保险时，可以解除劳动合同

    C. 劳动者在试用期间被证明不符合录用条件，用人单位可以解除劳动合同

    D. 劳动者被依法追究刑事责任，用人单位可以解除劳动合同

55. 非全日制用工双方当事人(   )。

    A. 不得订立口头协议   B. 应提前 30 日通知对方终止用工

    C. 不得约定试用期   D. 应提前 3 日通知对方终止用工

56. 劳动人事争议仲裁委员会的组成人员不包括(   )。

    A. 工会代表   B. 企业监督人员

    C. 企业方面代表   D. 劳动行政部门代表

57. 根据《工伤保险条例》的规定，受伤职工(   )，可认定为工伤或者视同工伤。

    A. 故意犯罪的   B. 醺酒或者吸毒的

    C. 患职业病的   D. 自残或者自杀的

58. 用人单位应当及时为失业人员出具终止或者解除劳动关系的证明，并将失业人员的名单自终止或者解除劳动关系之日起(   )日内告知社会保险经办机构。

    A. 3   B. 7

    C. 10   D. 15

59. 职工应当参加职工基本医疗保险，由(   )按照国家规定缴纳基本医疗保险费。

    A. 用人单位   B. 职工

    C. 单位和政府   D. 用人单位和个人

D. 投射测验测查的是成就动机等深层次的个体特质

19. 首先提供一组描述人的个性或特质的词或句子，然后让其他人通过对被测试者的观察，对被测试者的人格或特质作出评价，这种人格测量方法是( )。
    A. 评价量表法　　　　　　　　　　　　B. 自陈量表法
    C. 投射法　　　　　　　　　　　　　　D. 行为事件访谈法

20. 首先向被测试者提供一些未经组织的刺激情境，然后让被测试者在不受限制的情境下自由表现出自己的反应，这种人格测量方法是( )。
    A. 评价量表法　　　　　　　　　　　　B. 自陈量表法
    C. 投射法　　　　　　　　　　　　　　D. 行为事件访谈法

21. 采用跟随者战略的企业适宜采用的绩效考核方法是( )。
    A. 关键事件法　　　　　　　　　　　　B. 以行为为导向的考核方法
    C. 标杆超越法　　　　　　　　　　　　D. 行为锚定法

22. ( )是绩效管理的第一个环节，也是绩效管理过程的起点。
    A. 绩效计划　　　　　　　　　　　　　B. 绩效监控
    C. 绩效反馈　　　　　　　　　　　　　D. 目标管理

23. 当一个企业实行末位淘汰机制时，能很快鉴别出哪些员工应当被淘汰，另外也会对员工起到鞭策和激励作用的绩效评价方法是( )。
    A. 排序法　　　　　　　　　　　　　　B. 配对比较法
    C. 强制分布法　　　　　　　　　　　　D. 行为观察量表法

24. 在绩效评价中，评价者对某位员工的评价往往受到员工所属群体的影响，这种现象称为( )。
    A. 晕轮效应　　　　　　　　　　　　　B. 趋中倾向
    C. 刻板印象　　　　　　　　　　　　　D. 首因效应

25. 关于跨部门团队绩效考核的说法，正确的是( )。
    A. 跨部门团队绩效考核的关键是做好考核的标准化
    B. 跨部门团队的绩效考核要以部门为单位开展
    C. 跨部门团队的绩效考核中，各部门要建立不同的考核标准
    D. 职能制的组织结构适宜采用跨部门团队的绩效考核

26. 下列采用成本领先战略的企业，适宜的薪酬管理方法是( )。
    A. 与竞争对手对比，保持较低的薪酬水平
    B. 与竞争对手对比，保持较高的薪酬水平
    C. 在薪酬结构方面，基本薪酬和福利所占比重相对较高
    D. 在薪酬结构方面，奖金所占比重相对较低

27. 股票期权行权价格的确定方法分多种，《上市公司股权激励管理办法(试行)》采取的方法是( )。
    A. 实值法　　　　　　　　　　　　　　B. 虚值法
    C. 平值法　　　　　　　　　　　　　　D. 溢价法

28. 人工成本结构指标反映了( )。
    A. 企业员工平均收入的高低
    B. 企业人工成本的构成情况与合理性

A. 关键职能   B. 企业规模

C. 专业化程度   D. 分工形式

10. (　　)层次主要回答到哪里去竞争的问题，即做出组织应该选择经营何种业务以及进入何种行业或领域的决策。

A. 组织战略   B. 管理战略

C. 竞争战略   D. 人力资源战略

11. (　　)允许组织在整个战略规划过程中都将人力资源问题考虑在内。

A. 行政管理联系   B. 单项联系

C. 双向联系   D. 一体化联系

12. (　　)实际上就是低成本战略，即在产品本身的质量大体相同的情况，组织以低于竞争对手的价格向客户提供产品的一种竞争战略。

A. 成本领先战略   B. 创新战略

C. 客户中心战略   D. 成长战略

13. 高绩效工作系统与更(　　)的员工流动率和工伤事故率，更(　　)的生产率等是联系在一起的。

A. 高；低   B. 低；高

C. 高；高   D. 低；低

14. 关于人力资源规划的说法，正确的是(　　)。

A. 人力资源规划的制定一般先于组织的战略规划

B. 人力资源规划的质量取决于需求与供给预测的质量

C. 外部专家应当承担人力资源规划的主要职责

D. 工作分析是人力资源规划的所有信息来源

15. 下列不属于人员替换分析法优点的是(　　)。

A. 激励员工士气

B. 降低招聘成本

C. 有利于为组织引进新鲜血液

D. 为未来的职位填补需要提前做好候选人的准备

16. 在人力资源避免未来出现劳动力短缺的方法中，属于见效速度慢、可撤回程度高的是(　　)。

A. 外包   B. 雇用临时工

C. 再培训后换岗   D. 从外部雇用新人

17. 在人员甄选当中应当达到一定的信度和效度，其中信度与效度的关系为(　　)。

A. 信度是效度的充分条件

B. 信度是效度的必要条件

C. 信度和效度互为必要且充分条件

D. 信度和效度的关系没有统一评判标准

18. 关于投射测验的说法，正确的是(　　)。

A. 投射测验常被用于测量智力

B. 投射测验使用的材料常常是内容清晰、含义明确的图片或绘画

C. 投射测验无法避免人员选拔过程中的社会称许性问题

领域有所长进；白文莉则追求一般性管理工作，愿意承担更多的责任和义务。

89. 根据霍兰德职业兴趣理论分析麦克、汉斯与白文莉三人的职业兴趣类型特点，正确的是(   )。
   A. 麦克属于艺术型，汉斯属于研究型，白文莉属于社会型
   B. 麦克属于研究型，汉斯属于现实型，白文莉属于企业型
   C. 麦克属于艺术型，汉斯属于现实型，白文莉属于社会型
   D. 麦克属于研究型，汉斯属于研究型，白文莉属于企业型

90. 根据埃德加·施恩的职业生涯锚类型分析麦克、汉斯与白文莉三人的职业生涯锚类型，正确的是(   )。
   A. 麦克属于自主独立型，汉斯属于技术/职能型，白文莉属于管理能力型
   B. 麦克属于技术/职能型，汉斯属于创造型，白文莉属于管理能力型
   C. 麦克属于自主独立型，汉斯属于技术/职能型，白文莉属于安全稳定型
   D. 麦克属于技术/职能型，汉斯属于创造型，白文莉属于安全稳定型

91. 通过分析推断，最有可能具备分析能力、人际沟通能力和情绪控制能力三种能力强强组合特点的潜在晋升人选是(   )。
   A. 麦克   B. 汉斯
   C. 白文莉   D. 上述三人都不是

92. 下列有关职业生涯锚的陈述，正确的是(   )。
   A. 强调个人能力、动机和价值观三方面的相互作用与整合
   B. 能够促进员工预期心理契约的发展，有利于个体与组织稳固地相互接纳
   C. 以自我与雇佣组织和工作环境的准则和价值观之间的实际遭遇为基础
   D. 可以根据各种测试提前进行预测

(四)

2013年8月1日，甲公司与乙劳务派遣公司开始商洽订立劳务派遣协议事宜。甲公司人力资源部张经理对乙劳务派遣公司是否具有订立劳务派遣协议资格提出疑义。乙劳务派遣公司李经理当场表态，乙劳务派遣公司从2005年就开展劳务派遣业务，所订立的劳务派遣协议至今履行良好。李经理请张经理放心，乙劳务派遣公司从事劳务派遣业务一向守法合规。经过一段时间的洽商，张经理向公司总经理办公会报告了洽商进展情况。会上，总经理要求张经理研究三个问题：一是全国人大常委会对劳动合同法进行修改后，乙劳务派遣公司从事劳务派遣业务是否符合法律规定？二是按照修改后的劳动合同法，公司的哪些岗位可以使用劳务派遣人员？三是公司在2011年与丙劳务派遣公司订立的为期3年的劳务派遣协议还能继续履行吗？张经理带着问题找到公司聘用的法律顾问。法律顾问逐一解答了张经理的问题。

93. 关于甲公司与乙劳务派遣公司订立劳务派遣协议的说法，正确的是(   )。
   A. 乙劳务派遣公司派遣劳动者到甲公司应当订立劳务派遣协议
   B. 甲公司与乙劳务派遣公司订立的劳务派遣协议应当约定派遣岗位和人员数量等内容
   C. 乙劳务派遣公司与被派遣劳动者订立的劳动合同可以代替劳务派遣协议
   D. 甲公司应当根据工作岗位的实际需要与乙劳务派遣公司确定派遣期限，不得将连续用工期限分割订立数个短期劳务派遣协议

94. 根据全国人大常委会关于修改劳动合同法的决定，2013年7月1日后，乙劳务派遣公

A. 工作目标设定的政策   B. 晋升

C. 别人的认可   D. 人际关系

83. 小李感到不公平时所采用的恢复平衡的方式是( )。

A. 改变自己的投入或产出   B. 改变对投入或产出的知觉

C. 改变参照对象   D. 寻求社会兼职

84. 小李反映的不公平问题,表明目标管理中的( )要素出现了问题。

A. 目标具体化   B. 参与决策

C. 限期完成   D. 绩效反馈

(二)

某咨询公司是一家以战略咨询为主要业务的公司,已有9年的发展历史。公司形成了强调冒险与革新的组织文化,提升了公司的核心竞争力。公司一直重视员工的培养,注重从各种年龄和经验层次的员工中选拔人才。公司的薪酬制度强调以员工绩效水平为依据,对工作出色的员工提供高额奖金和较大的工作自由度,因而员工的敬业度很高。目前,公司有员工32人,通常以小组为单位进行工作。公司把管理决策权下放到员工手中,也没有设置严格的部门界限。由于最近获得一笔很大的海外投资,公司着手开始组织变革,计划在未来半年内实施大规模扩张计划,针对不同行业组建专业咨询小组,以便为客户提供更加专业的服务。同时,公司计划成立独立的客户关系部门,加强客户的拓展和维护工作。

85. 该咨询公司目前的组织文化类型属于( )。

A. 学院型   B. 俱乐部型

C. 棒球队型   D. 堡垒型

86. 该咨询公司目前的组织设计类型是( )。

A. 虚拟组织形式   B. 行政层级式

C. 矩阵结构式   D. 团队结构式

87. 该咨询公司计划进行的组织变革方法属于( )。

A. 以人员为中心的变革   B. 以结构为中心的变革

C. 以技术为中心的变革   D. 以文化为中心的变革

88. 如果该企业想要构建一个自由、平等、开放、创新的组织文化,可以采用的组织设计手段包括( )。

A. 提升组织制度化和规范化的程度

B. 减少管理层次,形成趋于扁平的组织

C. 以外部招聘为主,提高员工的多样化程度

D. 建立强调等级差异的绩效评估体系

(三)

麦克、汉斯与白文莉共同毕业于美国著名学府哈佛商学院职业经理人专业,麦克来自美国,汉斯来自德国,白文莉来自中国。毕业后,他们同在可口可乐大中华区中国公司工作,工作地点在天津。麦克直觉好、有想象力和创造力,喜欢在自由的环境中工作;汉斯则有良好的运动或机械操作能力,喜欢加工机械与改进工具,偏好户外活动;而白文莉善于和人相处,喜欢教导、帮助、启发别人。工作半年后发现,麦克体现出很强的职业承诺,追求能够施展个人能力的工作环境;汉斯拒绝一般性管理工作,愿意在其技术

二、**多项选择题**(共20题，每题2分。每题的备选项中，有2个或2个以上符合题意，至少有1个错项。错选，本题不得分；少选，所选的每个选项得0.5分)

61. 关于马斯洛的需要层次理论的说法，错误的有( )。
   A. 未被满足的需要是行为的主要激励源
   B. 获得基本满足的需要具有强的激励作用
   C. 基本需要主要靠内部条件满足，高级需要主要靠外在条件满足
   D. 管理者在进行激励时，需要考虑每个员工的特殊需要以及占主导地位的需要层次
   E. 组织用于满足员工的低层次需要的投入是效益递减的

62. 明茨伯格将决策过程分为( )。
   A. 确认阶段   B. 选择阶段
   C. 智力活动   D. 发展阶段
   E. 选择活动

63. 矩阵组织形式的主要特点有( )。
   A. 一名员工有两位领导
   B. 组织内部存在两个层次的协调
   C. 组织的稳定性强
   D. 产品部门(或项目小组)所形成的横向联系灵活多样
   E. 机构相对精简，用人较少

64. 人力资源管理对( )基本变量负有主要责任。
   A. 组织结构   B. 工作任务设计
   C. 人员的甄选   D. 报酬系统
   E. 信息系统

65. 人力资源管理实践中，劳资关系与员工关系的备选内容包括( )。
   A. 集体谈判/个人谈判
   B. 自上而下的决策/员工参与决策
   C. 行为标准/结果标准
   D. 正规的既定程序/无正规的既定程序
   E. 将员工看成是费用支付项目/将员工看成是财富

66. 德尔菲法具有一些明显的优点，主要包括( )。
   A. 花费时间较短   B. 避免了从众的行为
   C. 具有较高的准确性   D. 避免了个人预测的片面性
   E. 能吸取和综合众多专家的意见

67. 下列关于六种基本的职业兴趣类型的说法中，正确的有( )。
   A. 现实型的人适合从事技能性和技术性的职业
   B. 艺术型的人适合从事文学艺术方面的工作
   C. 常规型的人适合从事社会、教育、咨询等方面的工作
   D. 企业型的人不喜欢从事研究性的活动
   E. 常规型的人看重商业和经济方面的具体成就，看重财富和地位

68. 关于有效的绩效管理体系的说法，正确的有( )。
   A. 有效的绩效管理体系能够确保不同的评价者对同一个员工的评价基本相同

C. 参加城镇居民社会养老保险和城镇居民基本医疗保险

D. 参加全部五项社会保险

51. 劳动合同双方当事人在任何时候都应履行劳动合同约定的全部义务，这体现了劳动合同履行的(　　)。

A. 公平原则 　　　　　　　　　　　B. 合法原则

C. 平等原则 　　　　　　　　　　　D. 全面履行原则

52. 用人单位单方解除劳动合同，应当事先将理由通知(　　)。

A. 工会 　　　　　　　　　　　　　B. 就业协会

C. 人事局 　　　　　　　　　　　　D. 劳动协会

53. 要求在处理劳动争议时，要查明事实真相，准确适用法律、公正合法处理劳动争议，这反映的是(　　)。

A. 合法的原则 　　　　　　　　　　B. 公正的原则

C. 及时的原则 　　　　　　　　　　D. 着重调解的原则

54. 劳务派遣单位违法解除或者终止被派遣劳动者的劳动合同的，应当依照《劳动合同法》规定的经济补偿标准的(　　)倍向劳动者支付赔偿金。

A. 2 　　　　　　　　　　　　　　　B. 3

C. 5 　　　　　　　　　　　　　　　D. 10

55. 仲裁调解和其他方式结案的案卷，保存期不少于(　　)年。

A. 5 　　　　　　　　　　　　　　　B. 8

C. 10 　　　　　　　　　　　　　　D. 15

56. 人民法院在不予执行的劳动争议裁定书中，应当告知当事人在收到裁定书之次日起(　　)日内，可以就该劳动争议事项向人民法院起诉。

A. 10 　　　　　　　　　　　　　　B. 15

C. 30 　　　　　　　　　　　　　　D. 60

57. 因病或非因工致残，由医院证明并经劳动鉴定委员会确认完全丧失劳动能力的男子的退休年龄为(　　)。

A. 45 周岁 　　　　　　　　　　　　B. 50 周岁

C. 55 周岁 　　　　　　　　　　　　D. 60 周岁

58. 生活不能自理的工伤职工在停工留薪期内需要护理的，由(　　)负责。

A. 当地劳动能力鉴定委员会 　　　　B. 员工所在街道居委会

C. 员工所在单位 　　　　　　　　　D. 员工个人

59. 关于工伤保险缴费的说法，错误的是(　　)。

A. 职工应当参加工伤保险，工伤保险费由用人单位缴纳，职工不缴纳

B. 工伤保险费应按照本单位职工工资总额，根据社会保险经办机构确定的费率缴纳

C. 工伤保险费的数额为本单位职工工资总额与单位缴纳费率之积

D. 工伤保险费的缴纳实行固定费率

60. 劳动监察是由法定的专门机关对劳动和社会保险法律法规的实施情况进行的监督检查，体现了劳动监察的(　　)。

A. 法定性 　　　　　　　　　　　　B. 行政性

C. 专门性 　　　　　　　　　　　　D. 强制性

C. 能力倾向测试　　　　　　　　　　　　　D. 创造力测试

21. 一项测试的内容与测试所要达到的目标之间的相关程度是指(　　　)。
    A. 内部一致性信度　　　　　　　　　　　B. 内容效度
    C. 效标效度　　　　　　　　　　　　　　D. 构想效度

22. 下列无领导小组讨论使用的试题形式中，适用于指定角色的无领导小组讨论的是(　　　)。
    A. 开放式问题　　　　　　　　　　　　　B. 两难性问题
    C. 操作性问题　　　　　　　　　　　　　D. 资源争夺性问题

23. 列举出评估指标，然后要求评估人在观察的基础上将员工的工作行为同评价标准进行对照，看该行为出现的频率或完成的程度如何，这种评价方法是(　　　)。
    A. 行为锚定法　　　　　　　　　　　　　B. 配对比较法
    C. 图尺度评价法　　　　　　　　　　　　D. 行为观察量表法

24. 关于不同竞争战略下的战略性绩效管理策略的说法，正确的是(　　　)。
    A. 采用成本领先战略的企业在绩效考核中，应选取以行为为导向的评价方法
    B. 采用成本领先战略的企业，应尽量缩短绩效考核周期
    C. 采用差异化战略的企业在绩效考核中，应尽量使评价主体多元化
    D. 采用差异化战略的企业在绩效考核中，应选取以结果为导向的评价方法

25. 通过使用相关的统计工具来分析影响企业业务流程的因素，进而改进流程，控制错误率和废品率，从而提升组织的绩效水平，这种绩效改进方法是(　　　)。
    A. 标杆超越　　　　　　　　　　　　　　B. 卓越绩效标准
    C. 六西格玛管理　　　　　　　　　　　　D. ISO 质量管理体系

26. 通过管理者与员工进行持续的沟通，预防或解决绩效周期内可能存在的问题，以确保更好地完成绩效计划的过程称为(　　　)。
    A. 绩效考核　　　　　　　　　　　　　　B. 绩效监控
    C. 绩效计划　　　　　　　　　　　　　　D. 绩效反馈

27. 股票期权的有效期是从股票期权授予之日起至所有股票期权行权或注销完毕之日止，从授权日计算不得超过(　　　)，在股票期权有效期内，上市公司应当规定激励对象分期行权。
    A. 5 年　　　　　　　　　　　　　　　　B. 6 年
    C. 8 年　　　　　　　　　　　　　　　　D. 10 年

28. 找出工作绩效差距，制订并实施有针对性的改进计划来提高员工绩效水平的过程称为(　　　)。
    A. 绩效计划　　　　　　　　　　　　　　B. 绩效辅导
    C. 绩效反馈　　　　　　　　　　　　　　D. 绩效改进

29. 以企业会计年度为时间单位，根据经营者的业绩好坏而计发薪酬的一种薪酬制度是(　　　)。
    A. 年薪制　　　　　　　　　　　　　　　B. 佣金制
    C. 股票期权　　　　　　　　　　　　　　D. 奖金制

30. 适用于餐饮销售人员的薪酬制度是(　　　)。
    A. 高基本薪酬加低佣金　　　　　　　　　B. 纯基本薪酬制
    C. 低基本薪酬加高佣金　　　　　　　　　D. 纯奖金制

11. 组织文化的功能不包括( )。

    A. 导向和规范作用   B. 凝聚和激励作用

    C. 创新和辐射作用   D. 忠诚和适应作用

12. 关注市场开发、产品开发、创新以及合并等内容的战略是( )。

    A. 成长战略   B. 稳定战略

    C. 收缩战略   D. 强化战略

13. 战略性人力资源管理过程中，确定战略所要求的各项组织成果，组织需要回答的问题是( )。

    A. 我们的战略目标是什么？我们准备通过哪种方式获得竞争优势，从而实现我们的战略目标？

    B. 我们在为客户创造价值的时候，需要完成哪些最为关键的活动，同时需要完成哪些对关键活动提供支持的其他重要活动？

    C. 为了实现组织的整体战略目标需要完成的各种重要活动之间存在怎样的驱动关系？驱动组织战略实现的源泉在哪里？

    D. 我们怎样才能衡量驱动组织战略目标实现的各项重要元素或活动已经达到了既定要求或目标？

14. 下列人力资源需求预测方法中，主要适用于短期预测，以及那些规模较小或经营环境相对稳定、人员流动率不是很高的企业的是( )。

    A. 趋势预测法   B. 德尔菲法

    C. 比率分析法   D. 经验判断法

15. 当学校有 10 000 名学生时需要 200 名教师，如果这个学校预期明年注册的学生会增加 1 000 名，师生比不变，则需要增加聘用 20 名教师。这种人力资源需求预测的方法是( )。

    A. 主观判断法   B. 比率分析法

    C. 趋势预测法   D. 回归分析法

16. 在减少未来劳动力过剩的方法中，自然减员方法的特点是( )。

    A. 速度慢，员工受伤害的程度低   B. 速度慢，员工受伤害的程度高

    C. 速度快，员工受伤害的程度低   D. 速度快，员工受伤害的程度高

17. 下列减少未来劳动力过剩的方法中，调整速度快且对员工伤害程度中等的方法是( )。

    A. 裁员   B. 减薪

    C. 职位分享   D. 重新培训

18. 在人力资源供给预测方法中，主要强调从组织内部选拔合适的候选人担任相关职位尤其是更高一级职位的做法是( )。

    A. 回归分析法   B. 比率分析法

    C. 人员替换分析法   D. 马尔科夫分析法

19. 履历分析技术的最基本假设是一个人的行为具有( )。

    A. 准确性   B. 一致性

    C. 多样性   D. 全面性

20. 自陈量表法一般用于( )。

    A. 智力测试   B. 人格测试

C. 集团能够组织高度的专业化生产，从而提高了生产效率

D. 事业部得到集团对经营活动更具体的指导

（三）

A公司在2018年制定了新的发展战略：2020年收入达到20亿元，2021年达到100亿元，2022年达到200亿元。为了配合该扩张战略，公司决定对人力资源的运用与配备进行规划，为此他们采用德尔菲法来预测劳动力需求。

89. 关于该公司使用的德尔菲法的表述，错误的是(　　)。

A. 采用集体讨论的做法

B. 吸取了众多专家的意见，可以避免个人预测的片面性

C. 采取多轮预测，具有较高的准确性

D. 能够避免从众行为

90. 在实施德尔菲法时需要注意的问题有(　　)。

A. 专家的挑选要有代表性　　　　　　B. 问题的设计要合理

C. 专家的人数至少要达到10人　　　　D. 专家提供的资料和信息要相对充分

91. 在进行人力资源需求预测时，该公司还可以采取的主观判断法是(　　)。

A. 趋势预测法　　　　　　　　　　　B. 经验判断法

C. 回归分析法　　　　　　　　　　　D. 比率分析法

92. 如果该公司的人力资源需求小于供给，则需要采取的措施有(　　)。

A. 冻结雇用　　　　　　　　　　　　B. 临时性解雇

C. 业务外包　　　　　　　　　　　　D. 缩短员工工作时间

（四）

劳动力市场均衡是一种理想状态，但在现实中，经常会存在劳动力市场非均衡的状态，这与劳动力供求双方在劳动力市场上的摩擦力有关。例如，企业并不都是按照所谓的通行市场工资率来支付工资，也不总是根据需要任意调整雇用的劳动力数量；而对于劳动者来说，他们也并非为获得更高的工资就经常性地变换雇主，或者因为对当前雇主支付的工资水平不满意就立即辞职。

93. 下列关于理想的劳动力市场均衡的说法，正确的是(　　)。

A. 劳动力市场均衡的一个基本假设是劳动者和企业的劳动力供求调整不会受到任何妨碍，可以在无成本情况下完成

B. 劳动力市场均衡意味着在某一个既定的市场工资率上，劳动力供给数量和劳动力需求数量正好相等

C. 在劳动力市场均衡状态下，不存在失业情况，但可能会存在劳动力短缺

D. 劳动力市场均衡一旦形成，就不会轻易被打破

94. 下列关于企业支付的工资偏离通行市场工资率的说法，正确的是(　　)。

A. 企业可以选择支付低于通行市场工资率的工资而不必担心雇不到人

B. 企业可以通过支付效率工资来吸引、留住和激励员工

C. 企业支付的工资水平可以偏离通行市场工资率，但不能低于政府颁布的最低工资标准

D. 在市场经济国家，工会可能会通过集体谈判迫使企业支付高于市场通行工资率的工资

95. 即使企业可以随时雇用员工，并且可以在不额外支付任何补偿的情况下解雇员工，他们往往也不会随意调整雇佣量，其主要原因在于(　　)。

A. 员工参与新员工的甄选   B. 采用"基本年薪+年底分红"的薪金模式

C. 不向员工提供绩效反馈   D. 建立质量监督小组

83. 小张和小王借鉴的这种领导风格的有效性取决于(　　)。

    A. 领导的个人魅力   B. 组织文化的支持

    C. 员工的能力, 如智力、知识技术等   D. 是否规定目标完成的时间期限

84. 与小张和小王借鉴的这种领导风格相关的激励理论包括(　　)。

    A. 双因素理论   B. ERG 理论

    C. 期望理论   D. 强化理论

(二)

2013 年, 创业时的 H 公司, 只生产风扇, 需要的是当机立断的决策机制。当时采用直线式管理简单直接、环节清晰。几年后 H 公司已经变成了集团, 直线式管理的弊端渐显。各个产品经营单位埋头生产, 整个集团的五大种类、近千种产品统一由销售公司负责推广。产销脱节的矛盾使原有的市场优势渐渐失去。

2018 年, H 集团开始了事业部形式的体制改革试点, 一年后, 改革全面铺开。集团负责总体发展战略、产业发展取向、投资导向、资本经营和品牌经营, 原有的五大类核心产品生产单位组建成五个事业部, 实行开发、生产、销售、服务一体化, 事业部自主权的充分落实带来了活力。各事业部由原先单纯的"生产型企业"变成了"市场型企业", 在市场经营中主动出击, 快速反应。空调事业部总经理张先生说, 以前的冷气机公司只管生产, 实行事业部制后, 它成为一个以市场为导向, 集产品开发、生产制造、市场营销为一体的现代化企业。

H 集团副总裁陈先生描述道, 实行事业部制以前, 总裁一天到晚忙得焦头烂额, 原材料没有了, 找总裁; 产品有次品, 找总裁。总裁成了"大保姆"。改革后, 高层干部把以往埋头拉车的时间, 用来抬头看路了, 从日常工作中解脱出来, 有时间思考企业文化、经营方针等战略问题。

85. 创业时的 H 公司所采取的组织设计类型是(　　)。

    A. 行政层级式   B. 职能制

    C. 矩阵组织形式   D. 无边界组织形式

86. 创业时的 H 公司采取直线式管理之所以是适宜的, 并取得成功, 是因为(　　)。

    A. 当时的环境是简单/动态的

    B. 公司当时是中小型企业

    C. 公司产品品种比较单一

    D. 管理权力高度集中, 便于公司最高层对整个企业实施严格的控制

87. H 集团后来实行事业部制组织形式之所以是适宜的, 是因为(　　)。

    A. 集团的产品种类多

    B. 集团所面临的市场环境变化快

    C. 集团是一家强调适应性的大型联合性公司

    D. 集团想削减管理成本与费用

88. H 集团实行事业部制组织形式之所以取得成功, 是因为(　　)。

    A. 集团高层摆脱了具体管理事务, 集中精力于战略问题

    B. 事业部之间相互协调, 从而增强了企业的活力

A. 目标管理是一种在企业中应用非常广泛的技术

B. 目标管理使得每一名员工都有明确可行的、与部门和组织目标紧密联系的目标

C. 实施目标管理只能自上而下来设定目标

D. 目标管理的基本核心是强调通过群体共同参与制定具体的、可行的而且能够客观衡量的目标

E. 实施目标管理可以将组织的目标层层具体化、明确化，分解为各个相应层次的目标

62. 领导者的主要技能是(　　　)。

  A. 管理技能   B. 技术技能

  C. 人际技能   D. 协调技能

  E. 概念技能

63. 职能制组织形式的缺点有(　　)。

  A. 狭隘的职能观念

  B. 企业领导负担重

  C. 适应性差

  D. 不利于培养具有全面素质的管理人才

  E. 不便于高层领导对整个企业实施严格的控制

64. 在人力资源管理计分卡的设计过程中，需要对(　　　)关系进行量化处理。

  A. 各种人力资源管理活动

  B. 人力资源管理活动所产生的员工行为

  C. 员工的行为所产生的公司战略后果及绩效

  D. 人力资源管理计划的制定

  E. 人员技能、职位与工作任务之间的匹配

65. 当人力资源需求小于供给时，有效的应对策略有(　　　)。

  A. 冻结雇用   B. 临时性解雇

  C. 降低现有人员的流失率   D. 缩短员工工作时间

  E. 鼓励员工提前退休

66. 临时性解雇或永久性裁员这种方法的缺点有(　　　)。

  A. 比较复杂且见效慢   B. 需要付出较高的成本

  C. 受到工会的质疑和挑战   D. 受到国家法律方面的制约

  E. 不利于组织未来人力资源招聘工作的开展

67. 下列不属于良好的绩效管理在组织管理中作用的有(　　　)。

  A. 有助于建立和谐的组织文化 B. 有助于员工培训

  C. 有助于促进员工的自我发展 D. 有助于人员招聘

  E. 有助于实现组织的战略

68. 关于绩效评价技术的说法，正确的有(　　　)。

  A. 行为观察量表法使用时工作量较小，且应用者较为普遍

  B. 行为锚定法的计量方法更为准确，评估结果具有较高的信度

  C. 配对比较法在人数较少的情况下，能快速比较出员工的绩效水平

  D. 强制分布法可有效避免考核结果的趋中趋势

  E. 关键事件法无法提供员工之间、部门之间和团队之间的业绩比较信息

在原用人单位的工作年限

C. 用人单位及其关联企业与劳动者轮流订立劳动合同，属于"劳动者非因本人原因从原用人单位被安排到新用人单位工作"

D. 因用人单位合并、分立等原因导致劳动者工作调动，不属于"劳动者非因本人原因从原用人单位被安排到新用人单位工作"

54. 我国《劳动合同法》规定，（　　）双方当事人不得约定试用期。

A. 全日制用工　　　　　　　　　　　B. 非全日制用工

C. 劳务派遣用工　　　　　　　　　　D. 聘用制用工

55. 人民法院作出的财产保全裁定中，应当告知当事人在劳动仲裁机构的裁决书或者在人民法院的裁判文书生效后（　　）个月内申请强制执行。

A. 2　　　　　　　　　　　　　　　B. 3

C. 4　　　　　　　　　　　　　　　D. 6

56. 下列争议中，属于劳动争议的是（　　）。

A. 国家机关与公务员之间因工资支付产生的争议

B. 企业与其职工因公房出租产生的争议

C. 事业单位与其工作人员工伤认定产生的争议

D. 个体经济组织与其雇工因工作时间产生的争议

57. 关于确定劳动争议诉讼当事人的说法，正确的是（　　）。

A. 当事人双方均不服劳动争议仲裁委员会作出的同一裁决，向同一人民法院起诉，双方当事人为原告，劳动争议仲裁委员会为被告

B. 用人单位招用尚未解除劳动合同的劳动者，原用人单位与劳动者发生劳动争议，不可以列新的用人单位为第三人

C. 劳动者与起字号的个体工商户发生的劳动争议诉讼，应当以业主为当事人

D. 劳动者与以挂靠方式借用他人营业执照经营的用人单位发生劳动争议，应当将用人单位和营业执照出借方列为当事人

58. 如果劳动者在某种伤害事故中非受害者本人故意行为所致，就应该按照（　　）原则规定标准对其进行伤害赔偿。

A. 补偿和康复相结合　　　　　　　　B. 过失责任

C. 无过失责任　　　　　　　　　　　D. 损害补偿

59. 重新就业再失业，失业保险缴费时间重新算起，领取失业保险金的期限与前次失业应当领取而尚未领取的期限合并计算，最长不超过（　　）。

A. 12 个月　　　　　　　　　　　　B. 18 个月

C. 24 个月　　　　　　　　　　　　D. 36 个月

60. 企业年金由国家宏观指导、企业内部决策执行，费用由企业和职工个人缴纳，企业缴费在工资总额（　　）以内的部分，可从成本中列支。

A. 2%　　　　　　　　　　　　　　B. 3%

C. 4%　　　　　　　　　　　　　　D. 5%

二、多项选择题(共20题，每题2分。每题的备选项中，有2个或2个以上符合题意，至少有1个错项。错选，本题不得分；少选，所选的每个选项得0.5分)

61. 下列关于目标管理的表述正确的有（　　）。

C. 递延型指标   D. 风险型指标

21. 自陈量表法一般用于(   )。
    A. 智力测试   B. 人格测试
    C. 能力倾向测试   D. 创造力测试

22. (   )也被称为等级评价法，是一种最简单也最常用的绩效考评方法。
    A. 图尺度评价法   B. 行为锚定法
    C. 关键事件法   D. 不良事故评估法

23. 比较常见的面试形式是(   )。
    A. 单独面试   B. 系列面试
    C. 小组面试   D. 集体面试

24. 工作样本测试在现实中有广泛的运用，下列不属于工作样本测试的运用的是(   )。
    A. 对计算机编程人员实施的编程测试
    B. 对物流货运人员实施的标准驾驶测试
    C. 对秘书和职员实施的电子文字和电子表格标准化测试
    D. 社会上的一些职业资格考试

25. 薪酬调查主要是为了解决(   )。
    A. 外部公平性   B. 内部公平性
    C. 外部竞争性   D. 内部竞争性

26. 绩效评价中，主管难于发现员工身上存在的与主管自身相似的缺点和不足，这种主观
    错误是(   )。
    A. 盲点效应   B. 过宽或过严倾向
    C. 刻板印象   D. 晕轮效应

27. 企业在设计绩效目标时，按照财务、客户、内部流程和学习发展四个方面将企业的使
    命和战略加以细化，这种方法被称为(   )。
    A. 关键绩效指标法   B. 平衡计分卡法
    C. 关键事件法   D. 因素比较法

28. 关于企业战略与薪酬管理策略的说法，正确的是(   )。
    A. 采用成长战略的企业，短期内应提供较低基本薪酬
    B. 采用稳定战略的企业，基本薪酬和福利所占比重应较低
    C. 采用收缩战略的企业，基本薪酬所占比重应较高
    D. 采用创新战略的企业，基本薪酬水平应低于劳动力市场平均水平

29. 在具体评估实践中，因为评估过程困难且昂贵，故多数组织几乎不进行的是(   )。
    A. 学习评估   B. 工作行为评估
    C. 结果评估   D. 投资收益评估

30. 关于职位评价方法的说法，正确的是(   )。
    A. 排序法是比较复杂的量化评价方法
    B. 分类法的缺点是等级定义困难
    C. 要素计点法的最大优点在于简单易行
    D. 因素比较法的准确性和公平性容易得到员工的肯定

31. 股票期权的执行方式不包括(   )。

C. 综合契合   D. 管理契合

11. 在组织发展方法中，用一种专门的调查工具来评估组织成员的态度，了解员工们在认识上的差异的方法是(　　)。

    A. 敏感性训练   B. 调查反馈

    C. 质量圈   D. 团际发展

12. 下列关于稳定战略及其人力资源战略的描述不正确的是(　　)。

    A. 是一种强调市场份额或者运营成本的战略

    B. 强调管理手段的规范性、一致性和内部公平性

    C. 薪酬水平取决于员工个人的创新能力和技术水平

    D. 绩效管理的重点包括员工的工作能力和态度

13. (　　)指明了组织战略实现的路径和总体脉络。

    A. 工作设计   B. 数字仪表盘

    C. 战略地图   D. 人力资源管理计分卡

14. 通过分析企业在过去五年左右时间中的雇佣数据来预测企业未来人员需求的技术称为(　　)。

    A. 趋势预测法   B. 比率分析法

    C. 回归分析法   D. 德尔菲法

15. 在人才管理中，企业必须转变领导者的角色，将传统的命令型领导转变为(　　)领导。

    A. 魅力型   B. 激励型

    C. 影响型   D. 管理型

16. 业务外包是指企业将整块工作都委托给外部组织完成，这种方式的好处不包括(　　)。

    A. 适当控制和精简企业人员数量

    B. 有助于提升人力资源管理的价值

    C. 使人力资源部门从日常事务中解放出来，把精力集中在战略层面上

    D. 具有较高的灵活性，使企业免除管理任务以及财务负担

17. 下列人力资源需求预测方法中，主要适用于短期预测，以及那些规模较小或经营环境相对稳定、人员流动率不是很高的企业的是(　　)。

    A. 趋势预测法   B. 德尔菲法

    C. 比率分析法   D. 经验判断法

18. 人员甄选中的重测信度反映的是(　　)。

    A. 不同评价人员评分结果的一致性

    B. 同一测验在不同时间上的稳定性

    C. 两个测验在内容上的等值程度

    D. 同一测验内部不同题目测试结果的一致性

19. 经常用于人力资源需求预测的定量分析方法是(　　)。

    A. 回归分析法   B. 经验判断法

    C. 德尔菲法   D. 马尔科夫分析法

20. 知识型团队的绩效考核需要综合四个角度的指标进行，其中可以直接用来判断知识型团队的工作产出成果，即团队的产出满足客户需求的程度的指标是(　　)。

    A. 效益型指标   B. 效率型指标

89. 该公司薪酬管理的主要问题有( )。
   A. 薪酬没有体现不同职位之间的差距
   B. 薪酬随意性大，没有统一的政策
   C. 员工之间薪酬水平差距不大
   D. 薪酬水平没有参考市场水平

90. 该公司确定薪酬的基础是( )。
   A. 薪酬调查   B. 成本分析
   C. 工作分析   D. 薪酬预算

91. 为了解决该公司薪酬的外部竞争性问题，应进行( )。
   A. 工作分析   B. 绩效考核
   C. 薪酬调查   D. 薪酬预算

92. 确保薪酬内部公平性的手段是( )。
   A. 心理测评   B. 职位评价
   C. 薪酬控制   D. 薪酬调查

                              (四)

小张在学习了劳动经济基本理论之后发现，很多理论与现实情况并不相符。比如，一般的劳动经济理论认为，在其他条件不变的情况下，工资率上涨会导致劳动力的需求量下降；但是在很多时候，企业并没有在工资上涨的情况下解雇员工。理论上认为，当其他企业提供的工资水平更高时，员工会从工资水平低的企业跳槽去工资水平更高的企业。但是在现实中，很多员工明明知道另一家企业工资水平更高一些，也不会从本单位辞职。此外，小张还发现，在部分城市已婚女性人群当中，劳动力参与率出现了下降的趋势，而在已经退休的劳动者当中却出现了劳动力参与率上升的趋势。

93. 导致很多企业不轻易解雇员工的原因是( )。
   A. 解雇员工会导致企业已经承担的搜寻和筛选成本流失
   B. 解雇员工会导致企业已经承担的培训成本流失
   C. 经常解雇员工不仅会使企业将来招人困难，而且可能会损害留任员工的生产率
   D. 这些企业支付给员工的工资水平已经高于市场水平

94. 很多员工不会因为其他企业提供的工资高就从本单位辞职，出现这种现象的原因是( )。
   A. 劳动者对工资水平方面的差别不是很敏感
   B. 劳动力流动是有成本的
   C. 劳动力流动可能会使劳动者在原单位掌握的部分技能失效
   D. 劳动力流动有可能导致劳动者在原单位积累的部分经济收益和非经济收益遭受损失

95. 可能导致女性的劳动力参与率下降的原因包括( )。
   A. 女性更加偏好家务劳动而不是市场工作
   B. 女性的配偶有着较高的经济收入
   C. 女性的相对工资水平较高
   D. 女性的家务劳动生产率较低

96. 下列关于已退休劳动者的劳动力参与率上升现象的说法，正确的是( )。
   A. 已退休者的非劳动收入比劳动适龄人口更多，因而导致其劳动力参与率上升

C. 不同层次的领导者需要的技能的相对比例是不同的

D. 领导层次越高，需要的技术技能越高

83. 小张提高领导技能的途径可以包括( )。

A. 通过批评下属来提高领导能力

B. 专业讲师对小张提供辅导

C. 专业讲师帮助小张明确事业范围和期望

D. 运用培训、工作设计、行为管理等其他组织行为技术发展领导技能

84. 领导者的成功取决于他的( )。

A. 合适的行为   B. 技能

C. 行动   D. 背景

（二）

某集团公司在对员工进行绩效考核时，将员工分为"优秀员工""合格员工"和"不合格员工"三类，将员工的岗位考核也分为"优秀绩效""合格绩效"和"不合格绩效"三类。通常三类员工的比例分别为 10%、85% 和 5%。在绩效评价期末，部门主管通常与员工每月保持有一次正式评价会见。对于不合格员工，一般给予一个月必要的培训和指导，并提醒如果其再不提高业绩将会因末位而被淘汰解雇。同时，公司每年按季度轮流对部门主管开展绩效评价的培训。

85. 从绩效考核的方法上看，该公司实行的是( )。

A. 配对比较法   B. 行为锚定法

C. 强制分布法   D. 关键事件法

86. 在绩效评价中容易出现的问题有( )。

A. 晕轮效应   B. 趋中倾向

C. 盲点效应   D. 主观效应

87. 绩效面谈的技巧主要包括( )。

A. 主管人员要认真倾听   B. 以积极的方式结束对话

C. 主管人员应时常打断员工的谈话   D. 鼓励员工多说话

88. 通过找出组织或员工工作绩效中的差距，制订并实施有针对性的改进计划来提高员工绩效水平的过程称为( )。

A. 绩效监控   B. 绩效辅导

C. 绩效改进   D. 绩效反馈

（三）

某合资公司成立于 1995 年，目前是中国最重要的中央空调和机房空调产品生产销售厂商之一。公司在人力资源管理方面起步较晚，基础比较薄弱，尚未形成完整的体系，在薪酬福利方面存在严重的问题。早期，公司人员较少，单凭领导一双手、一支笔就可以明确给谁多少工资，但人员激增之后，靠过去的老办法显然不灵，并且这样的做法带有强烈的个人色彩，更谈不上公平性、公正性和竞争性了。为了改变这种情况，公司新聘用了一位人力资源部经理。人力资源部经理上任后经过调查认为，该公司的薪酬分配原则不清楚，存在内部不公平：不同职位之间、不同员工之间的薪酬差别基本上是凭感觉来确定；不能准确了解外部，特别是同行业的薪酬水平，无法准确定位薪酬整体水平；给谁加薪、加多少，老板和员工心里都没底。

C. 职工个人   D. 先建立劳动关系的单位

59. 《社会保险法》规定，由用人单位按照国家规定缴纳，职工不缴纳(　　)保险费。
  A. 基本养老
  B. 基本医疗
  C. 工伤
  D. 失业

60. 企业在参加基本医疗保险的基础上，国家给予政策鼓励，由企业自主举办或参加的一种补充性医疗保险形式，称为(　　)。
  A. 企业补充医疗保险
  B. 商业医疗保险
  C. 职工大额医疗费用补助
  D. 基本医疗保险

二、多项选择题(共20题，每题2分。每题的备选项中，有2个或2个以上符合题意，至少有1个错项。错选，本题不得分；少选，所选的每个选项得0.5分)

61. 关于亚当斯公平理论的说法，正确的有(　　)。
  A. 人们不仅关心自己的绝对报酬，而且关心自己和他人工作报酬上的相对关系
  B. 员工倾向于将自己的产出投入比与他人的产出投入比相比较
  C. 员工所做的比较都是纵向的，即与除组织以外的其他人比较
  D. 辞职是感到不公平的员工恢复平衡的方式之一
  E. 对于有不公平感的员工应予以及时引导或调整报酬

62. 下列方法属于变革型领导者的有(　　)。
  A. 提升智慧，理性和谨慎地解决问题
  B. 持续的高期望，鼓励努力，用简单的手段表达重要的意图
  C. 观察和寻找对于标准的背离，采取修正行动
  D. 提供任务的愿景，潜移默化自豪感，获得尊敬和信任
  E. 仅在标准背离时进行干涉

63. 根据价值取向与模糊耐受性两个维度的组合，决策风格可以分为(　　)。
  A. 指导型
  B. 概念型
  C. 分析型
  D. 行为型
  E. 合作型

64. 一个组织的战略通常包括(　　)层次。
  A. 组织战略
  B. 管理战略
  C. 竞争战略
  D. 人力资源战略
  E. 职能战略

65. 下列关于人力资源需求预测方法的表述正确的有(　　)。
  A. 人力资源需求既可以从宏观层面进行预测也可以从微观层面进行预测
  B. 德尔菲法又称专家预测法，源于兰德公司
  C. 比率分析法的实用性比较强但是比较粗糙
  D. 根据回归方程所涉及的自变量数量，可以将回归分析法划分为线性回归和非线性回归
  E. 在使用经验判断法时，需要管理人员必须具备比较丰富的个人经验

66. 20世纪90年代以来，"大五"人格理论逐渐得到广泛运用。"大五"实际上是指一个人在(　　)方面的表现。
  A. 外向性
  B. 和悦性

C. 劳动者在企业间流动   D. 劳动者在企业内流动

50. 关于社会保险的说法，错误的是（　　）。
    A. 在中国境内从业的外国人应当参加社会保险
    B. 职工基本养老保险属于社会保险
    C. 灵活就业人员可以参加职工基本医疗保险
    D. 非全日制用工从业人员不得在用人单位参加社会保险

51. 关于劳务派遣劳动合同的表述，错误的是（　　）。
    A. 劳务派遣单位与被派遣劳动者订立的劳动合同应当载明被派遣劳动者的用工单位以及派遣期限和工作岗位
    B. 劳务派遣单位应当与被派遣劳动者订立二年以上的固定期限劳动合同，按月支付劳动报酬
    C. 被派遣劳动者在无工作期间，劳务派遣单位应当按照全国社会平均工资标准，向其按月支付报酬
    D. 劳务派遣单位可以依法与被派遣劳动者约定试用期

52. 用人单位解除或终止劳动合同后，应在（　　）日内为劳动者办理档案和社会保险关系转移手续。
    A. 3   B. 7
    C. 15   D. 30

53. 关于非全日制用工的说法，错误的是（　　）。
    A. 非全日制用工终止时，用人单位不向劳动者支付经济补偿
    B. 从事非全日制用工的劳动者与多个用人单位订立劳动合同时，后订立的劳动合同不得影响先订立的劳动合同的履行
    C. 非全日制用工双方可以订立口头协议
    D. 用人单位应该按月向从事非全日制用工劳动者支付劳动报酬

54. 在劳动争议中，如果一方是国家机关，则另一方是（　　）。
    A. 个体经济组织   B. 用人单位
    C. 与之建立劳动关系的劳动者   D. 企业

55. 下列争议中，不适用《劳动争议调解仲裁法》的是（　　）。
    A. 因除名、辞退和辞职、离职发生的争议
    B. 因工作时间、休息休假、社会保险、福利、培训以及劳动保护发生的争议
    C. 办理劳动者的人事档案、社会保险关系等移转手续产生的争议
    D. 劳动者与用人单位因住房制度改革产生的公有住房转让的争议

56. 下列应纳入基本医疗保险基金支付范围的医疗费用包括（　　）。
    A. 应当从工伤保险基金中支付的   B. 急诊、抢救的医疗费用
    C. 应当由第三人负担的   D. 应当由公共卫生负担的

57. 停止享受工伤保险待遇的情形不包括（　　）。
    A. 丧失享受待遇条件的   B. 难以治疗的
    C. 拒绝接受治疗的   D. 拒不接受劳动能力鉴定的

58. 职工在两个用人单位同时就业的，发生工伤后，由（　　）承担工伤保险责任。
    A. 职工受到伤害时的工作单位   B. 两个用人单位共同

环境间的相互作用经验中发展出来的能力。

A. 知识性特质
B. 普遍性特质
C. 认知性特质
D. 发展性特质

21. 关于绩效管理工具的说法，正确的是(   )。
   A. 平衡计分卡法因为实施成本较低而得到广泛应用
   B. 目标管理法通过持续沟通将企业目标逐层分解
   C. 标杆超越法通过分析个体的高绩效表现实现评价指标的量化
   D. 关键绩效指标法通过在企业内部制定质量管理体系提升企业绩效

22. 关于有效的绩效管理体系的说法，错误的是(   )。
   A. 有效的绩效管理体系应该把工作标准和组织目标联系起来确定绩效的好坏
   B. 有效的绩效管理体系可以明确区分高绩效员工和低绩效员工
   C. 有效的绩效管理体系应该具有一定的可靠性和准确性
   D. 敏感性和实用性不是有效的绩效管理体系的特征

23. 下列有关复本信度的描述正确的是(   )。
   A. 用两个功能相同但题目内容不同的测验复本来测验同一群体，所得到的两个分数的相关性
   B. 主要反映同一测试内部不同题目的测试结果是否具有一致性
   C. 不同评分者对同样对象进行评定时的一致性
   D. 用同一方法对一组应聘者在两个不同时间进行测试，所得结果的一致性

24. 一家企业在整个业务流程的所有环节上都努力运用科学的方法提高效率，减少失误率，以使整个流程达成最优状态来满足客户的要求。这种绩效改进方法是(   )。
   A. 标杆超越法
   B. ISO质量管理体系
   C. 卓越绩效标准
   D. 六西格玛管理

25. 下列关于取得不同竞争优势战略下的绩效管理的表述错误的是(   )。
   A. 采用成本领先战略的企业在绩效考核中可以采用目标管理法
   B. 采用成本领先战略的企业在绩效改进时可以选择标杆超越法
   C. 采用差异化战略的企业在绩效考核中应选择以结果为导向的评价方法
   D. 采用差异化战略的企业在绩效管理中应当弱化员工工作的直接结果

26. 《境内上市公司办法》规定，在股权激励计划有效期内，每期授予的限制性股票，其禁售期不得低于(   )。
   A. 半年
   B. 1年
   C. 2年
   D. 3年

27. 对一个人进行评价时，往往会因为对他的某一特质强烈而清晰的感知，而掩盖了该人其他方面的品质，这种现象被称为(   )。
   A. 盲点效应
   B. 首因效应
   C. 晕轮效应
   D. 近因效应

28. 关于股票增值权的说法，错误的是(   )。
   A. 股票增值权的行权期一般超过任期
   B. 股票增值权的激励对象既可以拥有股票股价上升所带来的收益，也可以拥有这些股票的所有权

C. 层次性   D. 集权度

9. 在组织结构的特征因素中，能够反映组织各职能部门间工作分工精细程度的是（   ）。

   A. 制度化   B. 规范化
   C. 职业化   D. 专业化

10. 矩阵组织形式在（   ）环境中较为有效。

   A. 简单/动态   B. 复杂/动态
   C. 简单/静态   D. 复杂/静态

11. 形象地展示了为确保公司战略得以成功实现而必须完成的各种关键活动及其相互之间的驱动关系的是（   ）。

   A. 战略地图   B. 数字仪表盘
   C. 工作设计   D. 人力资源管理计分卡

12. 一个组织的重要战略资产甚至是获取竞争优势的首要资源是（   ）。

   A. 自然资源   B. 人力资源
   C. 市场资源   D. 竞争资源

13. （   ）培训工作的重点是文化整合和价值观的统一。

   A. 内部成长战略   B. 外部成长战略
   C. 稳定战略   D. 成本领先战略

14. 组织通过促使所有员工持续获取和分享知识而形成的一种重视和支持终身学习的文化是（   ）。

   A. 知识型组织   B. 学习型组织
   C. 团队型组织   D. 激励型组织

15. 通过整合和利用组织所拥有的所有资源来强化组织优势的战略是（   ）。

   A. 内部成长战略   B. 外部成长战略
   C. 稳定战略   D. 收缩战略

16. 下列属于狭义的人力资源规划范畴的是（   ）。

   A. 雇用规划   B. 员工关系规划
   C. 薪酬福利规划   D. 绩效管理规划

17. 根据一个组织的雇佣水平在最近若干年的总体变化趋势，来预测组织在未来某一时期的人力资源需求数量的方法是（   ）。

   A. 回归分析法   B. 比率分析法
   C. 经验判断法   D. 趋势预测法

18. 编制好一套人格测试问卷之后，由被测试者本人根据自己的实际情况或感受来回答问卷中的全部问题，以此来衡量一个人的人格，这种人格测量方法是（   ）。

   A. 评价量表法   B. 自陈量表法
   C. 投射法   D. 行为事件访谈法

19. 解决组织所面临的人力资源需求不足及其供给之间的矛盾的最简单直接同时也是见效最快的方法是（   ）。

   A. 冻结雇用   B. 鼓励员工提前退休
   C. 缩短现有员工的工作时间   D. 临时性解雇或永久性裁员

20. 成就测试和认知能力测试的测量对象都属于（   ），它们所要测量的都是一个人从与

（三）

A公司正在进行"校园总经理"项目的结构化面试，面试已经持续了两个小时，激烈的竞争进入白热化状态。台上是接受面试的学生，台下坐着来自A公司人力资源部和业务部门的高管，以及咨询公司的专业测评专家。测评专家的主要作用是帮助公司测评胜任特征模型中深层的胜任特征。但紧张有序的面试突然发生了意外，台上应聘者的麦克风频频"卡壳"。面对意外，学生们表现不一，有的左顾右盼、惊慌失措，有的镇定自如，成功地要求工作人员更换了麦克风。令学生们没有想到的是，这些意外正是A公司设计的压力面试情境，学生们这些看似不经意的表现，都被台下评委看在眼中，成为被考察的内容，并影响到对他们的评分。

89. 与非结构化面试相比，结构化面试的特点是(   )。

    A. 灵活性很高   B. 遵循固定的程序

    C. 面试的公平性比较高   D. 面试的信度和效度都会比较高

90. A公司采用的测试方法称为(   )。

    A. 行为事件面谈   B. 角色扮演

    C. 公文筐测试   D. 无领导小组讨论

91. 结构化面试又称为(   )。

    A. 单独面试   B. 标准化面试   C. 公文处理测验   D. 知识测试

92. A公司的测试方法主要用来考察应聘者的(   )。

    A. 专业知识   B. 工作背景

    C. 人际关系处理能力   D. 人格特质

（四）

某大学课堂上，一位教授指出，劳动力供给涉及劳动力供给数量和劳动力供给质量两个方面的问题，一国的经济发展既取决于劳动力数量，也取决于劳动力质量。目前，我国的劳动力供给数量增长速度放慢，劳动力质量未能实现较快的提高。此外，一个国家的劳动力资源利用情况可以从就业中反映出来，教授指出，对中国劳动者就业产生影响的近期动向有以下两个：一是由于中国的劳动力成本不断上升，国际上一些知名的大公司已经开始将原来委托中国企业生产加工的很多产品收回到本国生产。二是随着技术水平的不断进步，很多资本设备的价格在不断下降。最后，教授还强调，影响劳动力需求弹性的因素会对劳动力的就业产生影响。

93. 劳动力供给质量包括的内容有(   )。

    A. 劳动力队伍的身体健康状况   B. 劳动者的平均工资水平

    C. 劳动力队伍的受教育训练程度   D. 劳动力队伍的人数

94. 一国的劳动力数量主要取决于该国的(   )。

    A. 人口总量   B. 劳动力参与率

    C. 人口的地域分布   D. 平均周工作时间

95. 教授提到的两个动向会对中国劳动者的就业产生影响，关于这种影响的说法，正确的有(   )。

    A. 如果发达国家同类劳动者的工资率水平不变，而中国劳动者的工资率上涨，则很可能会出现前者对后者的替代，从而不利于中国劳动者的就业

    B. 其他条件不变，资本价格下降的规模效应会导致中国劳动者的就业减少

额奖金。经过十几年的努力，这家公司发展成为一家大型的企业。公司的业务也由以前的软件开发延伸到下游的测评、咨询和规划等方面。但不知什么缘故、最近这些新业务部门的员工，如销售部门和咨询部门的员工对张明的意见很大，他们认为张明制定的激励措施没有考虑到他们的工作性质，他们加班不需要待在办公室，按照在办公室加班时间来发奖金不公平。此外，他们向总经理反映说张明不懂人力资源的管理。这让张明很恼火，他认为用高额奖金激励员工没有什么不对。多劳多得不正是我们所提倡的吗？

81. 用马斯洛的需要层次理论解释张明的做法，正确的是(   )。
    A. 张明没有充分考虑到员工的自我实现的需要
    B. 用高额奖金满足员工生理需要的投入收益是递增的
    C. 奖金一定能够满足员工的高级需要
    D. 不同部门员工的需要应该一致

82. 如果张明按照双因素理论的观点来摆脱面临的困境，他应该(   )。
    A. 用更加严格的制度管理员工   B. 给员工减发奖金
    C. 让员工感到自己的工作有成就感   D. 让员工在工作中承担更多的责任

83. 上述情境中，员工的不满来自(   )。
    A. 张明用单一的方式对待每一个员工   B. 张明没有考虑到咨询等部门的特点
    C. 计发奖金的方式不公平   D. 认为张明用人唯亲

84. 要让员工觉得公平，张明今后应该(   )。
    A. 多和员工沟通，了解不同员工的不同需求
    B. 对不同部门的员工的业绩衡量采取不同的标准
    C. 加强自己的领导权威
    D. 考虑不同部门工作性质的差异，制订与员工贡献相匹配的奖励方案

(二)

某公司是一家中小型制造企业，由厂长全面主持企业的生产经营活动，按照厂部、车间、工段、班组层次划分职权，逐级下达指令：厂里的职能管理人员只起到参谋指导作用，无权直接对下级单位发号施令。日常工作中，下级通常只接受其直接上级的指令，明确每个人只有一个直接上级，而每个上级直接管辖的下属为3~9人。一开始厂长还能够亲临各个车间，现场直接领导，但随着公司业务和规模的扩大，这种管理已经超出了他力所能及的范围，变得非常艰难，企业的管理也因此陷入混乱，迫切需要进行变革。

85. 该企业的组织结构为(   )。
    A. 事业部制   B. 职能制
    C. 矩阵组织形式   D. 团队结构形式

86. 该企业的管理层次和管理幅度分别为(   )。
    A. 5层；3~9人   B. 4层；4~10人
    C. 3层；3~9人   D. 6层；4~10人

87. 该企业组织形式的主要缺点是(   )。
    A. 组织的稳定性差   B. 横向协调性差
    C. 企业领导负担轻   D. 多头指挥混乱

88. 假如该企业进行组织变革，最适合采用以(   )为中心的组织变革。
    A. 成本   B. 结构   C. 技术   D. 任务

B. 用人单位以挂靠方式借用他人营业执照经营，用人单位和营业执照出借方为当事人

C. 劳动者与起有字号的个体工商户产生的劳动争议诉讼，应当以业主为当事人

D. 用人单位招用尚未解除劳动合同的劳动者，原用人单位以新的用人单位侵权为由向人民法院起诉，新的用人单位和劳动者为共同被告

58. 自劳动能力鉴定结论作出之日起1年后，工伤职工或其近亲属、所在单位或经办机构认为伤残情况发生变化的，可以申请(   )。

A. 工伤认定   B. 工伤待遇

C. 行政争议   D. 劳动能力复查鉴定

59. 下列选项中，对工伤保险的描述不正确的是(   )。

A. 职工应当参加工伤保险，由用人单位缴纳工伤保险费

B. 国家根据不同行业的工伤风险程度确定行业的差别费率

C. 用人单位缴纳工伤保险费的数额为本单位职工工资总额乘以单位缴费费率之积

D. 各行业内部执行国家规定的统一费率

60. 社会保险法律责任从责任主体分，不包括(   )。

A. 用人单位责任   B. 工会组织责任

C. 劳动者责任   D. 社会保险经办机构责任

二、**多项选择题**(共20题，每题2分。每题的备选项中，有2个或2个以上符合题意，至少有1个错项。错选，本题不得分；少选，所选的每个选项得0.5分)

61. 下列各项属于双因素理论中保健因素的有(   )。

A. 晋升   B. 工资

C. 成就感   D. 人际关系

E. 工作性质

62. 在魅力型领导理论中，能够促使归因的领导特质包括(   )。

A. 共情   B. 自信

C. 社会敏感性   D. 印象管理技能

E. 道德特质

63. 下列有关组织文化的描述中，正确的有(   )。

A. 组织文化是指控制组织内行为、工作态度、价值观以及关系设定的规范

B. 组织文化是指组织成员的共同价值观体系，它使组织独具特色，区别于其他组织

C. 组织文化的结构可分为物质层、管理层和精神层

D. 组织文化是由管理者和基层主管的领导模式所决定的，它很少受到外部环境的影响

E. 组织文化是从最高管理层树立的典范发展而来，在很大程度上取决于他们的行为方式和管理风格

64. 下列关于高绩效工作系统的描述正确的是(   )。

A. 美国早期的高绩效工作系统研究主要集中在服务业领域

B. 能够提高组织有效性

C. 关注社会系统和技术系统

D. 组织的人力资源管理系统必须与组织的战略和目标保持一致并且确保后者的实现

E. 是特定的人力资源管理方法和思路

65. 在进行一个组织的人力资源需求预测时，主要应当考虑(   )几个方面的因素。

A. 不同的人上大学的边际成本是不同的。学习能力强的人上大学的边际成本显然要低一些

B. 不同的人最好选择上不同年限的大学

C. 在边际收益一定的情况下，边际成本高的人愿意上大学的年限更多一些

D. 在边际成本一定的情况下，那些能够从每多上一年大学中获得更高的边际收益的人，更有可能上更长年限的大学

50. ( )是指依法收取社会保险费，并按照规定支付保险待遇的主体。

A. 投保人   B. 保险人

C. 管理人   D. 监督人

51. 在劳动和社会保险法的适用中，如果同位法中特别规定与一般规定不一致，应该( )。

A. 适用特别规定   B. 适用一般规定

C. 适用下位法的规定   D. 适用地方政府规定

52. 变更劳动合同未采用书面形式，但已经实际履行了口头变更的劳动合同超过( )个月，且变更后的劳动合同内容不违反法律、行政法规、国家政策以及公序良俗，当事人以未采用书面形式为由主张劳动合同变更无效的，人民法院不予支持。

A. 1   B. 2

C. 3   D. 6

53. 关于用人单位劳动规章制度的说法，正确的是( )。

A. 用人单位制定的劳动规章制度公布后，即对职工具有法律约束力

B. 用人单位制定的劳动规章制度公布后，无须告知职工即可实施

C. 在劳动规章制度实施过程中，工会认为不适当的内容，用人单位应当按工会要求予以修改

D. 用人单位制定的劳动规章制度违反法律规定，应当由劳动行政部门责令改正

54. 关于劳务派遣的说法，符合法律规定的是( )。

A. 用人单位不得设立劳务派遣单位向所属单位派遣劳动者

B. 用人单位与其他单位合伙设立的劳务派遣单位，可以向本单位派遣劳动者

C. 劳务派遣单位应当依照劳动法有关规定设立，注册资本不得少于 50 万元

D. 劳务派遣单位可以向被派遣劳动者收取管理费用

55. ( )因劳动权利义务产生分歧而引起的争议，不属于劳动争议。

A. 事业单位与本单位实行聘用制的工作人员

B. 企业和与之建立劳动关系的劳动者

C. 国家机关和与之建立劳动关系的劳动者

D. 国家机关与公务员

56. 用人单位违反国家规定，拖欠或者未足额支付劳动报酬，或者拖欠工伤医疗费、经济补偿或者赔偿金的，劳动者可以向( )投诉，该部门应当依法处理。

A. 劳动争议仲裁委员会   B. 人民法院

C. 劳动行政部门   D. 劳动监察部门

57. 关于劳动争议诉讼当事人的说法，正确的是( )。

A. 当事人双方均不服劳动争议仲裁委员会作出的同一裁决，向同一人民法院起诉，双方当事人为原告，劳动争议仲裁委员会为被告

19. 目前，履历分析技术的一个最新发展是(　　)。
    A. 目标履历分析法　　　　　　　　　　B. 过程履历分析法
    C. 成果履历分析法　　　　　　　　　　D. 成就履历分析法

20. 如果企业战略在一定时期内相对稳定，就可以考虑使用(　　)的方法进行绩效考核。
    A. 关键绩效指标　　　　　　　　　　　B. 标杆超越
    C. 目标管理　　　　　　　　　　　　　D. 平衡计分卡

21. 关于绩效管理的说法，正确的是(　　)。
    A. 绩效管理的目的是通过考核限制员工的工作行为
    B. 绩效考核是绩效管理的前提
    C. 绩效管理是实现企业战略的重要手段
    D. 绩效管理是管理者与员工单向沟通的过程

22. 关于绩效反馈面谈的说法，错误的是(　　)。
    A. 绩效反馈面谈为评价者和被评价者提供沟通的平台，使考核公开化
    B. 绩效反馈面谈的重点是对员工突出绩效的赞扬
    C. 绩效反馈面谈中应鼓励员工充分表达自己的观点
    D. 绩效反馈面谈中应避免对立和冲突

23. 关于绩效改进方法的说法，正确的是(　　)。
    A. 标杆超越法更强调本企业固有的管理概念
    B. 卓越绩效指标法通过强化个体卓越绩效指标推动企业战略目标的实现
    C. ISO 质量管理体系更关注产品的生产过程，努力提高产品质量或者服务水平
    D. 六西格玛管理关注业务流程设置的合理性，以提升企业运行的效率

24. 绩效反馈面谈的原则与技巧不包括(　　)。
    A. 关注过去，总结经验　　　　　　　　B. 避免对立与冲突
    C. 建立彼此之间的信任　　　　　　　　D. 开诚布公，坦诚沟通

25. 在我国，下列人员中不能成为股票期权的激励对象的是(　　)。
    A. 上市公司董事　　　　　　　　　　　B. 上市公司监事
    C. 上市公司核心技术人员　　　　　　　D. 上市公司高级管理人员

26. 股票期权的等待期，即股票期权授予日与获授股票期权首次可以行权日之间间隔不得少于(　　)。
    A. 3 个月　　　　　　　　　　　　　　B. 6 个月
    C. 9 个月　　　　　　　　　　　　　　D. 1 年

27. 专业软件销售人员由于需要较高的专业知识且销售工作的周期较长，所以其薪酬应采用(　　)。
    A. 单纯佣金制　　　　　　　　　　　　B. 纯基薪制
    C. 低基薪加高佣金或奖金　　　　　　　D. 高基薪加低佣金或奖金

28. 能够反映人工成本投入构成的情况与合理性的企业人工成本指标是(　　)。
    A. 人工成本总量指标　　　　　　　　　B. 人工成本质量指标
    C. 人工成本结构指标　　　　　　　　　D. 人工成本分析比率型指标

29. 从投资的成本—收益角度分析，只有在(　　)情况下，培训与开发才会提高组织的利润。（选项中，B 为培训给组织带来的收益，C 为培训与开发的支出，S 为组织支付给

D. 古典设计理论之所以是静态的，是因为它只对组织的运行制度进行设计

9. 下面有关组织文化类型的描述错误的是(　　)。

    A. 俱乐部型公司重视适应、忠诚感和承诺

    B. 堡垒型公司着眼于公司的生存，工作安全保障不足

    C. 棒球队型组织鼓励冒险和革新

    D. 学院型组织不喜欢雇用年轻的大学毕业生

10. (　　)主要回答的是凭借什么来进行竞争的问题。

    A. 组织战略   B. 管理战略

    C. 竞争战略   D. 职能战略

11. 企业在实施战略性人力资源管理时，通常需要针对为实现组织战略目标所需完成的一系列人力资源管理活动链，设计各种财务类和非财务类目标或衡量指标，这些目标或衡量指标称为(　　)。

    A. 平衡计分卡   B. 人力资源管理计分卡

    C. KPI 指标   D. 战略地图

12. 下列关于稳定战略及其人力资源战略的描述不正确的是(　　)。

    A. 是一种强调市场份额或者运营成本的战略

    B. 强调管理手段的规范性、一致性和内部公平性

    C. 薪酬水平取决于员工个人的创新能力和技术水平

    D. 绩效管理的重点包括员工的工作能力和态度

13. 某互联网公司的公司简介中有如下三个表述："成为最受尊敬的互联网企业""通过互联网提升人类生活品质""正直、进取、合作、创新"，它们分别是这家公司的(　　)。

    A. 愿景、使命、价值观   B. 使命、愿景、价值观

    C. 使命、价值观、愿景   D. 价值观、愿景、使命

14. 下列主要利用转移矩阵的统计分析程序来进行人力资源供给预测的方法是(　　)。

    A. 趋势预测法   B. 回归分析法

    C. 人员替换分析法   D. 马尔科夫分析法

15. 目前，企业对于内部人员过剩作出的典型反应是(　　)，这种方法会给企业造成成长性创伤。

    A. 降薪   B. 裁员

    C. 职位调动   D. 重新培训

16. 下列减少未来劳动力过剩的方法中，调整速度慢且对员工伤害程度较低的方法是(　　)。

    A. 裁员   B. 减薪

    C. 职位调动   D. 自然减员

17. 任何一种人员甄选方法都应当达到一定的信度，信度的高低可用(　　)来表述。

    A. 相关系数   B. 信度系数

    C. 决定系数   D. 标准差系数

18. 下列无领导小组讨论使用的试题形式中，(　　)的主要目的是考察被测试者思考问题的全面性和针对性，思路是否清晰，是否有新的观点和见解等。

    A. 开放式问题   B. 两难性问题

    C. 多项选择问题   D. 操作性问题

图书特色

本书包含8套冲刺试题，结合2020年新大纲要求，深挖考点，高质量试卷贴近真题，临考冲刺必备。

《应试指南》
从考点入手，讲解重难知识点，帮助学员理解大纲所授内容。

《最后冲刺8套题》
全真模拟试卷，实战演练，助力通关。

必刷1000题
基础+进阶+通关，科学刷题，高效通关。

"梦想成真"系列产品

超值服务

超值服务，心动赠送，通关好礼，考证无忧，购买本书即可收获以下惊喜，为你的备考之路保驾护航。具体服务如下：

视频课程
· 基础精讲班（前2章）

配套服务
· 24小时答疑

超值服务获取方法
扫这里

前　言

正保远程教育

　　发展：2000—2020年：感恩20年相伴，助你梦想成真

　　理念：学员利益至上，一切为学员服务

　　成果：18个不同类型的品牌网站，涵盖13个行业

　　奋斗目标：构建完善的"终身教育体系"和"完全教育体系"

中华会计网校

　　发展：正保远程教育旗下的第一品牌网站

　　理念：精耕细作，锲而不舍

　　成果：每年为我国财经领域培养数百万名专业人才

　　奋斗目标：成为所有会计人的"网上家园"

"梦想成真"书系

　　发展：正保远程教育主打的品牌系列辅导丛书

　　理念：你的梦想由我们来保驾护航

　　成果：图书品类涵盖会计职称、注册会计师、税务师、经济师、资产评估师、审计师、财税、实务等多个专业领域

　　奋斗目标：成为所有会计人实现梦想路上的启明灯

中级经济师人力资源管理专业知识与实务最后冲刺8套题

最后冲刺套题(一)

一、单项选择题(共60题,每题1分。每题的备选项中,只有1个最符合题意)

1. 外源性动机强的员工看重的是( )。
   A. 工作的挑战性 B. 工作带来的社会地位
   C. 工作带来的成就感 D. 对组织的贡献

2. 期望理论可以用( )来加以表述。
   A. 结果=效价×期望 B. 动机=效价×工具性
   C. 动机=效价×期望×工具性 D. 结果=效价×期望×工具性

3. 关于目标管理的说法,正确的是( )。
   A. 目标管理强调应通过群体共同参与的方式,制定具体、可行且能客观衡量的目标
   B. 实施目标管理时,必须自下而上地设定目标
   C. 完整的目标管理包括目标具体化和参与决策两个要素
   D. 目标管理的实施效果总能符合管理者的期望

4. 斯道格迪尔对领导风格的研究,指出( )是决定领导的因素。
   A. 责任感 B. 自信心
   C. 关心员工 D. 人格和情境

5. 有些领导具有自信并且信任下属,对下属有高度的期望,有理想化的愿景和个性化风格,这种类型的领导属于( )。
   A. 魅力型领导 B. 交易型领导
   C. 支持型领导 D. 成就取向式型领导

6. 西蒙将决策过程分为三个阶段,依次是( )。
   A. 设计活动—选择活动—智力活动 B. 选择阶段—确认阶段—发展阶段
   C. 智力活动—设计活动—选择活动 D. 确认阶段—发展阶段—选择阶段

7. 进行组织结构设计、对企业的组织结构进行比较和评价的基础是组织结构的( )。
   A. 特征因素 B. 权变因素
   C. 集权程度 D. 人员结构

8. 下列对组织设计的基本内容描述错误的是( )。
   A. 组织设计从形式上可以分为静态设计和动态设计
   B. 组织结构设计是依据企业的战略和目标,对组织结构进行的全新设计
   C. 组织结构设计是根据企业的变化和发展目标,对企业原有组织结构进行的再设计

员工的加薪)

A. S>B B. S-B>C C. B-S>C D. B>C

30. 劳动关系的最主要特点是( )。
    A. 独立性 B. 从属性
    C. 合作性 D. 冲突性

31. 劳动关系的类型中,下列属于利益协调型国家的是( )。
    A. 英国 B. 日本
    C. 德国 D. 新加坡

32. 员工申诉管理原则中,( )体现了要明确界定员工的申诉范围,避免员工将本可以通过正常管理渠道解决的问题也通过申诉方式提出。
    A. 合法原则 B. 公平原则
    C. 明晰原则 D. 反馈原则

33. ( )是专业技术人才评价和管理的基本制度。
    A. 职业资格制度 B. 职称制度
    C. 职业技能等级制度 D. 执业资格制度

34. 下列关于外国人来华工作许可数量限制的说法错误的是( )。
    A. 外国高端人才(A类)无数量限制
    B. 外国专业人才(B类)根据市场需求限制
    C. 其他外国人员(C类)数量限制按国家有关规定执行
    D. 其他外国人员(D类)数量限制为禁止来华

35. 下列关于党政领导干部选拔任用的说法错误的是( )。
    A. 党政领导干部必须信念坚定、为民服务、勤政务实、敢于担当、清正廉洁
    B. 提任县处级领导职务的,应当具有5年以上工龄和2年以上基层工作经历
    C. 一般应当具有大学专科以上文化程度,其中厅局级以上领导干部一般应当具有大学本科以上文化程度
    D. 特殊情况在提任前未达到培训要求的,应当在提任后半年内完成培训

36. 在中国境内就业的外国人,对于依法获得在我国境内就业证件( )个月后不能提供协议国出具的参保证明的,应按规定征收社会保险费并收取相应的滞纳金。
    A. 3 B. 6
    C. 8 D. 10

37. 下列不属于劳动力市场具有的特征的是( )。
    A. 特殊性 B. 单一性
    C. 多样性 D. 不确定性

38. 某国外经济学家指责本国政府不仅未能促进经济繁荣,而且在一定程度上掩盖了该国的真实失业水平,因为一部分劳动者由于找不到工作而不得不退出了劳动力市场。因此,尽管官方公布的失业率为6%,真实的失业率将达到10%,这位经济学家实际上指出了( )。
    A. 在经济衰退时期会出现附加的劳动者效应
    B. 在经济繁荣期会出现附加的劳动者效应
    C. 在经济衰退时期会出现灰心丧气的劳动者效应

D. 在经济繁荣期会出现灰心丧气的劳动者效应

39. 在一个以工作小时数为横轴，工资率为纵轴的坐标系中，个人劳动力供给曲线的形状为( )。
    A. 平行于横轴的一条直线　　　　　　B. 垂直于横轴的一条直线
    C. 自左下方向右上方倾斜的一条直线　D. 一条向后弯曲的曲线

40. 如果男性的工资水平每上升2%，女性的劳动力需求便会下降0.5%，则在男性与女性之间存在( )关系。
    A. 替代　　　　　　　　　　　　　　B. 互补
    C. 总替代　　　　　　　　　　　　　D. 总互补

41. 在外部环境条件和机会一致的条件下，劳动者之间的竞争性工资差别归结于( )。
    A. 不同劳动者的劳动力在量上的差异　B. 不同劳动者的劳动力在质上的差异
    C. 不同劳动者在劳动时间上的差异　　D. 不同劳动者在职位上的差异

42. 劳动力市场歧视被划分为( )。
    A. 工资歧视、奖金歧视　　　　　　　B. 职业歧视、休假歧视
    C. 工资歧视、职业歧视　　　　　　　D. 职业歧视、个人歧视

43. 在工资差别的形成原因中，揭示了由于工作条件和社会环境原因而导致收入差异的是( )。
    A. 竞争性工资差别　　　　　　　　　B. 补偿性工资差别
    C. 垄断性工资差别　　　　　　　　　D. 职位性工资差别

44. 下列各项中，其对劳动者的需求不会随季节的变化而波动的是( )。
    A. 农业　　　　　　　　　　　　　　B. 建筑业
    C. 航运业　　　　　　　　　　　　　D. 信息技术业

45. 下列关于季节性失业的表述，错误的是( )。
    A. 季节性失业是指由于经济的周期性变化而导致的定期性的劳动者就业岗位的丧失
    B. 容易形成季节性失业的部门或行业有农业、服装业等
    C. 季节性失业是一种正常性失业
    D. 季节性失业不利于劳动力资源的有效利用，造成了一定的人力浪费

46. 由于高等教育文凭与高生产率之间存在一定的联系，因此，企业利用文凭来筛选员工的做法是有道理的，这是( )的一个基本观点。
    A. 劳动力供给理论　　　　　　　　　B. 劳动力需求理论
    C. 高等教育的信号模型理论　　　　　D. 收入分配理论

47. 下列关于人力资本投资的陈述，错误的是( )。
    A. 人力资本投资的重点在于它的未来导向性
    B. 人力资本投资的收益发生在未来，而其成本则产生在现在
    C. 增进健康、加强学龄前儿童营养不属于人力资本投资活动
    D. 一位劳动者所具有的知识和技能实质上是一种特定的生产资本储备

48. 通常情况下，一般培训的成本要由( )来承担，特殊培训的成本要由( )来承担。
    A. 员工，企业　　　　　　　　　　　B. 员工，政府
    C. 企业，社会　　　　　　　　　　　D. 企业，员工

49. 关于上大学的合理年限决策结论说法不正确的一项是( )。

A. 地域差异 B. 产品和服务的变化情况
C. 组织的技术变革 D. 组织结构调整
E. 组织的战略定位和战略调整

66. 如果组织在甄选过程中产生决策失误，雇用了不合适的人，可以采取的弥补方式有（   ）。
    A. 对员工进行培训 B. 调整员工的工作岗位
    C. 到期解除劳动合同 D. 直接解雇
    E. 采取激励措施激励员工提高自己的工作能力

67. 在绩效计划制定的准备阶段，搜索制定的信息包括（   ）。
    A. 组织最新的战略管理资料 B. 工作分析的相关资料
    C. 组织的使命 D. 组织和员工近期的绩效考核结果
    E. 组织近几年的绩效管理资料

68. 绩效管理在组织管理中的作用（   ）。
    A. 有助于组织内部的沟通 B. 有助于管理者成本的节约
    C. 有助于促进员工的自我发展 D. 有助于建立和谐的组织文化
    E. 有助于企业战略计划的制定

69. 根据我国有关政策规定，允许参与员工持股计划的人员通常包括（   ）。
    A. 在企业工作满一定时间的正式员工 B. 公司的董事、监事、经理
    C. 长期在本企业工作的兼职人员 D. 企业在册管理的离退休人员
    E. 企业派往投资企业、代表处工作，劳动人事关系仍在本企业的外派人员

70. 职位评价方法中，因素比较法的缺点有（   ）。
    A. 设计复杂 B. 难度较大
    C. 成本较高 D. 可靠性低
    E. 不易理解

71. 劳动关系系统的运行和发展的状态包括（   ）。
    A. 优性运行和谐发展 B. 良性运行和谐发展
    C. 中性运行常态发展 D. 恶性运行畸形发展
    E. 平稳性运行畸形发展

72. 下列属于事业单位工作人员培训类型的有（   ）。
    A. 出任培训 B. 任职培训
    C. 专业培训 D. 岗前培训
    E. 转岗培训

73. 在设计企业内部的晋升竞赛时，需要注意的是（   ）。
    A. 必须使参与晋升竞赛的候选人之间在知识、能力或经验等方面具有较高的可比性
    B. 要在当前职位以及拟晋升职位之间创造出一种合理的工资差距
    C. 不应使某个人能够非常有把握地认为自己能够获得晋升，或认为自己没有获得晋升的希望
    D. 晋升风险越高，当前职位和拟晋升职位之间的工资差距就应该设计得越小
    E. 工资差距太大，会削弱竞赛参与者的努力动机

74. 劳动者之间因为（   ）的不同而形成工资差别不应当视为歧视。
    A. 工作经验 B. 受教育程度

C. 工时数量　　　　　　　　　　D. 长相
E. 性别

75. 通常情况下，大企业员工的工资随着员工经验的增加而增长的速度要比中小企业快得多，下列对此解释正确的有(　　)。
   A. 大企业比小企业为员工提供了更多的特殊培训机会
   B. 大企业内部的生产过程往往具有高度的相互依赖性
   C. 大企业可以为员工提供多层次晋升的机会
   D. 大企业对员工更容易进行严密的监督
   E. 大企业更重视降低员工的离职率以及迅速填补职位空缺

76. 在其他条件一定的情况下，有助于强化人们当前的高等教育投资动机的情况包括(　　)。
   A. 大学毕业生的工资水平与高中毕业生差距缩小
   B. 政府承诺为上大学者提供无息贷款
   C. 大学毕业生的就业机会远远多于高中毕业生
   D. 高校为提高人才培养质量，提高了大学生拿到文凭的难度
   E. 上大学的学费有了较大幅度提高

77. 下列属于影响劳动力流动的劳动者因素的是(　　)。
   A. 劳动者的年龄　　　　　　　B. 劳动者的任职年限
   C. 社会环境　　　　　　　　　D. 劳动者的性别
   E. 地理位置

78. 对教育投资的私人收益进行估计的选择性偏差表现为(　　)。
   A. 低估了上大学的人通过上大学而获得的收益
   B. 高估了那些没上大学的人因为未上大学而遭受的损失
   C. 高估了那些上大学的人因为上大学而产生的成本和收益
   D. 低估了上大学的成本，高估了上大学的收益
   E. 高估了上大学的成本，低估了上大学的收益

79. 下列属于劳动争议处理基本原则的有(　　)。
   A. 合法的原则　　　　　　　　B. 公正的原则
   C. 及时的原则　　　　　　　　D. 透明的原则
   E. 着重调解的原则

80. 劳务派遣用工单位应承担的法定义务包括(　　)。
   A. 应当向被派遣劳动者收取管理费
   B. 向被派遣劳动者告知工作要求和劳动报酬
   C. 只能以非全日制用工形式招用被派遣劳动者
   D. 支付加班费、绩效奖金
   E. 连续用工的，实行正常的工资调整机制

三、案例分析题(共20题，每题2分。由单选和多选组成。错选，本题不得分；少选，所选的每个选项得0.5分)

(一)

张明是一家著名高科技企业的人力资源总监，企业成立时他就负责人力资源工作。公司的主要领导对他很信任，有关人事方面的事情都是他说了算。他的激励方法就是支付高

C. 其他条件不变，资本价格下降的替代效应会导致中国劳动者的就业减少

D. 在长期中，其他条件不变，中国劳动者工资率上升的规模效应和替代效应都会导致其就业减少

96. 有利于中国劳动者就业的情况是（　　）。

A. 中国劳动者的劳动力需求弹性比较小

B. 发达国家劳动者对中国劳动者的替代难度比较高

C. 中国劳动者生产的产品具有较高的需求价格弹性

D. 能够替代中国劳动者的其他生产要素（资本和发达国家劳动者等）的供给弹性比较小

（五）

2019年7月1日，施某与L劳务派遣公司签订了为期1年6个月的劳动合同，并被派遣到M机械公司从事锻压技术辅助工作。劳动合同约定，施某自行参加社会保险并缴费，在工作中出现任何安全问题，均由施某自己负责，L劳务派遣公司和M机械公司不承担任何责任。施某认为自己还年轻，也没把参加社会保险当回事。2020年4月20日，施某在锻压汽车零件时，由于操作失误受伤。事故发生后，施某住院治疗20天，自己垫付了全部的医疗费。出院后，施某找到L劳务派遣公司经理，要求L劳务派遣公司报销其住院医疗费。经理说："我们事先已有约定，你在工作中出现任何安全问题，都应该由你自己承担。而且你是在M机械公司工作受的伤，即使为你报销住院医疗费，也不应当由我公司负责。"施某觉得经理的话有道理，于是找到M机械公司。M机械公司人力资源部经理告诉施某："公司设立了劳动争议调解委员会，我被总经理任命为调解委员会主任。你的问题必须先由劳动争议调解委员会调解。"施某不同意调解。M机械公司人力资源部经理又告诉施某："你不是我公司的员工。你只能找L劳务派遣公司报销住院医疗费。"施某感觉很无奈，家人建议他去咨询律师。律师则告诉他，他受的伤属于工伤，他应当自己到当地社会保险行政部门提出工伤认定申请。

97. 施某与L劳务派遣公司签订的劳动合同内容中，符合法律规定的是（　　）。

A. 劳动合同为期1年6个月

B. 施某被派遣到M机械公司从事锻压技术辅助工作

C. 施某自行参加社会保险并缴费

D. 施某在工作中出现任何安全问题，均由施某自己负责

98. 2020年4月20日，施某在锻压汽车零件时由于操作失误受伤，应当承担施某受伤责任的主体是（　　）。

A. 施某　　　　　　　　　　　　B. L劳务派遣公司

C. M机械公司　　　　　　　　　D. 订购汽车零件的公司

99. 下列情形中，符合法律规定的是（　　）。

A. M机械公司设立劳动争议调解委员会

B. M机械公司人力资源部经理被总经理任命为调解委员会主任

C. 施某住院医疗费报销问题首先由劳动争议调解委员会调解

D. 施某不同意由劳动争议调解委员会进行调解

100. 施某因操作失误受伤，对施某所受伤害，可以向当地社会保险行政部门提出工伤认定申请的是（　　）。

A. 施某　　　B. L劳务派遣公司　　　C. M机械公司　　　D. 律师

最后冲刺套题(二)

一、单项选择题(共60题,每题1分。每题的备选项中,只有1个最符合题意)

1. 传统观点总把金钱看成最好的激励手段,但在很多企业中,增加同样的奖金并没有起到同等的激励作用,这说明( )。
   A. 组织可以忽略员工的低层次需要
   B. 组织用来满足员工低层次需要的投入是效益递减的
   C. 组织应当为员工提供较低的福利待遇
   D. 组织必须考虑所有员工的自我实现需要

2. 根据赫茨伯格的双因素理论,激励因素的缺失会导致员工( )。
   A. 满意   B. 没有满意
   C. 不满   D. 没有不满

3. 以下选项中,不属于动机的要素的是( )。
   A. 决定人行为的方向,即选择做出什么样的行为
   B. 努力的水平,即行为的实施程度
   C. 坚持的水平,即遇到阻碍时会付出多大努力来坚持自己的行为
   D. 决定人具体工作的计划,即每个阶段具体工作计划与安排

4. 根据豪斯的路径—目标理论,让员工明确他人对自己的期望、成功绩效的标准和工作程序的领导称为( )。
   A. 支持型领导   B. 参与式领导
   C. 指导式领导   D. 成就取向式领导

5. 在领导者的技能当中,按照模型、框架和联系进行思考的能力称为( )。
   A. 知识技能   B. 技术技能
   C. 概念技能   D. 人际技能

6. 管理方格理论把领导者的基本风格划分为五种,其中既不关心任务,也不关心人的领导风格被称为( )。
   A. "无为而治"领导风格   B. "任务"领导风格
   C. "中庸式"领导风格   D. "乡村俱乐部"领导风格

7. 下列属于组织结构权变因素的有( )。
   ①专业化程度 ②人员素质 ③关键职能
   ④制度化程度 ⑤组织规模 ⑥组织生命周期
   A. ①③④   B. ②③④
   C. ②⑤⑥   D. ③⑤⑥

8. 组织结构包含的三要素中,反映使用规则和标准处理方式以规范工作行为程度的是( )。
   A. 复杂性   B. 规范性

C. 实施股票增值权时可以全额兑现，也可以部分兑现
D. 实施股票增值权时可以用现金，也可以折合成股票，或者两者的某种组合

29. 上市公司应当在员工持股计划届满前( )个月公告到期计划持有的股票数量。
   A. 1　　　　　　　　　　　　　B. 3
   C. 6　　　　　　　　　　　　　D. 9

30. 员工在不同技能等级之间的变动路径属于职业生涯通道中的( )。
   A. 横向通道　　　　　　　　　B. 纵向通道
   C. 双通道　　　　　　　　　　D. 职业生涯锚

31. ( )重点是评估受训人员对培训与开发的主观感受和看法。
   A. 学习评估　　　　　　　　　B. 反应评估
   C. 工作行为评估　　　　　　　D. 投资收益评估

32. 按照霍兰德职业兴趣的分类，喜欢从事资料分析工作，有数理分析能力，能够听从指示完成琐碎工作的人员，属于( )。
   A. 现实型　　　　　　　　　　B. 常规型
   C. 研究型　　　　　　　　　　D. 企业型

33. 单位缴纳职业年金费用的比例为本单位工资总额的( )。
   A. 4%　　　　　　　　　　　　B. 5%
   C. 8%　　　　　　　　　　　　D. 10%

34. ( )是市场经济条件下调整个别劳动关系的一项基本制度。
   A. 劳动合同制度　　　　　　　B. 集体合同制度
   C. 职工民主管理制　　　　　　D. 劳动争议处理制度

35. 我国 2015 年《职业分类大典》的职业分类结构为( )大类。
   A. 5　　　　　　　　　　　　　B. 6
   C. 7　　　　　　　　　　　　　D. 8

36. 公务员定期考核结果公布方式为( )。
   A. 公告公示　　　　　　　　　B. 口头传达
   C. 官网公布　　　　　　　　　D. 书面形式

37. 除了根据知识、技能等划分的劳动力市场之外，还可以从职业、具体职位、地理位置等多种不同的角度来划分劳动力市场，这体现了劳动力市场的( )特征。
   A. 特殊性　　　　　　　　　　B. 多样性
   C. 难以衡量性　　　　　　　　D. 不确定性

38. 工资率的提高意味着劳动者享受闲暇的机会成本上升，从而促使劳动者增加劳动力供给时间。这种效应称为( )。
   A. 收入效应　　　　　　　　　B. 替代效应
   C. 规模效应　　　　　　　　　D. 产出效应

39. 家庭生产理论认为，在确定每个家庭成员的时间利用方式时所依据的原则是( )。
   A. 比较优势原理　　　　　　　B. 绝对优势原理
   C. 利润至上原理　　　　　　　D. 效率优先原理

40. 家庭生产理论认为，家庭效用的直接来源是( )。
   A. 闲暇时间

B. 通过市场工作获得的工资收入
C. 用工资收入购买的产品或服务
D. 产品或服务与家庭时间相结合生产出来的家庭物品

41. 制造业的工资水平一般较高，而制造业通常也是比较集中的位于工资水平高的地区，其中的一个主要原因就是在高工资水平地区便于找到技术较高的熟练工人，体现了不同产业部门间工资差别的（   ）因素。
    A. 熟练劳动力所占比重   B. 技术经济特点
    C. 发展阶段   D. 地理位置

42. "高质量的劳动力通常有高的劳动效率，从而工资也较高；质量较低的劳动力因效率低而通常也只有较低的工资"，基于这种原因而形成的工资差别属于（   ）。
    A. 补偿性工资差别   B. 竞争性工资差别
    C. 垄断性工资差别   D. 租金性工资差别

43. 企业在招聘员工时对具有某种特征或身份的员工发生歧视称为（   ）。
    A. 个人歧视   B. 统计性歧视
    C. 员工歧视   D. 雇主歧视

44. 根据国际劳工组织的定义，因为疾病、工伤、休假、旷工或天气恶劣等原因暂时脱离工作的劳动者属于（   ）。
    A. 就业人口   B. 失业人口
    C. 非劳动力   D. 准就业人口

45. 由于经济周期或经济波动引起劳动力市场供求失衡所造成的失业是（   ）。
    A. 结构性失业   B. 季节性失业
    C. 周期性失业   D. 摩擦性失业

46. 上大学的总收益是指（   ）。
    A. 大学生在上大学期间因兼职工作而获得的工资性报酬
    B. 大学生在大学毕业后到退休前获得的全部工资性报酬
    C. 大学毕业生和高中毕业生获得的工资性报酬的总和
    D. 大学毕业生比高中毕业生在一生中多获得的那部分工资性报酬

47. 年轻人都愿意上大学这种现象背后的原因是，在其他条件相同的情况下，人力资本投资进行的越早，则（   ）。
    A. 其净现值越高   B. 机会成本越低
    C. 收入增量流越短   D. 收益时间越短

48. 从理论上来说，如果员工接受的在职培训是一种纯粹的一般培训，则处理这种培训的成本和收益的合理方式应当是（   ）。
    A. 企业和员工个人共同支付培训成本，同时共享培训收益
    B. 企业支付培训成本并获得培训收益
    C. 员工个人支付培训成本并获得培训收益
    D. 企业支付培训成本，员工个人获得培训收益

49. 人力资本投资成本在企业和员工之间共同分摊，而收益由双方共同分享，这种做法常见于（   ）时。
    A. 企业实施一般培训   B. 企业实施特殊培训

C. 创造性 D. 记忆力
E. 情绪性

67. 作为被广泛应用的绩效考核方法，目标管理法存在的不足有（　　）。
    A. 可能增加企业的管理成本
    B. 倾向于聚焦短期目标
    C. 目标有时可能难以制定
    D. 没有可量化的客观标准，考核中存在主观偏见
    E. 过分乐观的假设高估了企业内部自觉、自治氛围形成的可能性

68. 绩效管理有效实施的影响因素有（　　）。
    A. 绩效计划的完成情况 B. 绩效系统的时效性
    C. 高层领导的支持 D. 人力资源管理部门的尽职程度
    E. 绩效管理与组织战略的相关性

69. 薪酬调查的步骤包括（　　）。
    A. 确定调查目的和范围 B. 选择调查方式
    C. 统计分析调查数据 D. 提交薪酬调查分析报告
    E. 薪酬结构设计

70. 关于培训与开发效果评估中的结果评估的说法，正确的有（　　）。
    A. 结果评估是培训与开发效果评估的最重要内容
    B. 结果评估是培训与开发效果评估的最具有说服力的评价指标
    C. 结果评估是组织高管层最关心的评估内容
    D. 结果评估包括硬指标和软指标
    E. 结果评估中的软指标易于衡量和量化

71. 下列属于员工申诉管理原则的有（　　）。
    A. 明晰原则 B. 合法原则
    C. 公平原则 D. 公开原则
    E. 反馈原则

72. 下列属于企业年金基金组成的有（　　）。
    A. 单位缴费 B. 个人缴费
    C. 职业年金基金投资运营收益 D. 政府补贴
    E. 第三方机构投入

73. 家庭物品的生产方式可以划分为两类，即（　　）。
    A. 劳动密集型 B. 时间密集型
    C. 资本密集型 D. 商品密集型
    E. 人员密集型

74. 不同产业部门之间工资差别形成的原因有（　　）。
    A. 熟练劳动力所占比重 B. 技术经济特点
    C. 工会化程度 D. 发展的目标
    E. 地理位置

75. 劳动者之间因为（　　）的不同而形成工资差别不应当视为歧视。
    A. 工作经验 B. 受教育程度

C. 工时数量
D. 长相
E. 性别

76. 人力资本投资的活动包括(   )。
    A. 各级正规教育和在职培训
    B. 加强学龄前儿童营养
    C. 增进健康
    D. 工作流动
    E. 丰富生活

77. 大多数接受过特殊培训的员工通常(   )。
    A. 在本企业获得的工资率高于市场工资率
    B. 愿意在本企业工作较长的时间
    C. 被企业解雇的可能性比较小
    D. 流动的倾向会比较强
    E. 不可能被企业解雇

78. 我国征缴社会保险费的法定机构有(   )。
    A. 税务机关
    B. 保险公司
    C. 商业银行
    D. 劳动保障行政部门
    E. 社会保险经办机构

79. 劳动合同履行应遵循的原则有(   )。
    A. 公平原则
    B. 平等原则
    C. 全面履行原则
    D. 自愿原则
    E. 合法原则

80. 在法律没有具体规定举证责任承担时,仲裁庭可以根据(   ),综合当事人举证能力等因素确定举证责任的承担。
    A. 公平原则
    B. 诚实信用原则
    C. 民主说服原则
    D. 公正原则
    E. 合法原则

三、**案例分析题**(共20题,每题2分。由单选和多选组成。错选,本题不得分;少选,所选的每个选项得0.5分)

(一)

小张是某个工程设计公司从资深工程师团队中选拔上来的一位主管,他原来是公司的技术骨干,在业务上总能拔得头筹。但是转到管理岗位后感觉压力很大,抱怨下属不支持自己的工作,工作满意度明显降低,而很多下属员工也抱怨小张不通人情。此外,小张采用的仍然是十五年前制定的管理流程,并没有随着市场和时间的变化而调整。管理的风格与公司现在的业务不符,公司领导决定与小张深入分析解决这些问题,同时聘请专业讲师来提升他的技能。

81. 从领导技能看,小张缺乏的是(   )。
    A. 技术技能
    B. 人际技能
    C. 概念技能
    D. 统筹技能

82. 关于领导技能的说法,错误的是(   )。
    A. 领导者可以依靠下属的技术技能
    B. 组织中任何层次的领导者都必须达到有效人际技能的要求

B. 已退休者的劳动力参与率上升可能是因为他们重新就业的机会较多
C. 当退休者的实际养老收入明显下降时，可能导致已退休者的劳动力参与率上升
D. 在工作期间工资水平越高的退休者，退休后劳动力参与率上升的趋势越明显

（五）

钱某于 2019 年 8 月应聘到某公司工作，一直未签订劳动合同。2019 年 11 月的一天，钱某骑自行车上班途中，因与汽车相撞而受伤致残，经劳动能力鉴定委员会鉴定为 8 级残疾。出院后，钱某要求公司认定工伤，并支付工伤待遇。公司以未与钱某签订劳动合同为由予以拒绝。

97. 钱某骑自行车上班途中因车祸受伤致残，该情况（　　）。
    A. 可以认定为工伤　　　　　　　　B. 可以视同为工伤
    C. 不属于工伤　　　　　　　　　　D. 条件不足，无法确定

98. 自劳动能力鉴定结论作出之日起（　　）年后，钱某或其直系亲属、所在单位或经办机构认为伤残情况发生变化的，可以申请劳动能力复查鉴定。
    A. 0.5　　　　　　　　　　　　　　B. 1
    C. 2　　　　　　　　　　　　　　　D. 3

99. 社会保险行政部门应当自受理工伤认定申请之日起（　　）日内作出工伤认定的决定，并书面通知申请工伤认定的职工或者其近亲属和该职工所在单位。
    A. 20　　　　　　　　　　　　　　B. 30
    C. 40　　　　　　　　　　　　　　D. 60

100. 职工所在用人单位未依法缴纳工伤保险费，发生工伤事故的，由（　　）支付工伤保险待遇。
    A. 职工　　　　　　　　　　　　　B. 工会
    C. 用人单位　　　　　　　　　　　D. 社保机构

最后冲刺套题(三)

一、**单项选择题**(共60题,每题1分。每题的备选项中,只有1个最符合题意)

1. 在众多激励理论中,提出"挫折—退化"观点并进一步改进了马斯洛需要层次理论的是( )。
   A. 三重需要理论 B. 目标设置理论
   C. ERG理论 D. 公平理论

2. 根据赫茨伯格的双因素理论,保健因素的缺失会导致员工( )。
   A. 满意 B. 不满
   C. 没有满意 D. 没有不满

3. 魅力型领导者的特征不包括( )。
   A. 自信并且信任下属 B. 有理想化的愿景
   C. 承诺为努力提供奖励 D. 对下属有高度的期望

4. 关于领导风格的密歇根模式的说法,正确的是( )。
   A. 密歇根模式支持员工取向的领导作风
   B. 密歇根模式和俄亥俄模式不能相互印证
   C. 密歇根模式所罗列的两个维度在性质上与俄亥俄模式不同
   D. 密歇根模式是管理方格图理论的进一步发展

5. 下列属于交易型领导者特征的是( )。
   A. 个性化关怀 B. 激励
   C. 魅力 D. 放任

6. 技术发展迅速,产品品种较多且具有创新性强、管理复杂等特点的企业,最适合采用( )组织形式。
   A. 行政层级式 B. 职能制
   C. 矩阵结构式 D. 虚拟结构式

7. 决策者具有较低的模糊耐受性以及很强的任务和技术取向,这种决策风格属于( )。
   A. 指导型 B. 分析型
   C. 概念型 D. 行为型

8. 下列属于组织发展中人文技术内容的是( )。
   A. 敏感性训练 B. 扩大员工自主性
   C. 使工作更具挑战性、趣味性 D. 合并职能部门、简化规章

9. 行政层级式组织形式在( )环境中最为有效。
   A. 简单/静态 B. 复杂/静态
   C. 简单/动态 D. 复杂/动态

10. 强调组织的人力资源管理必须与组织战略保持完全一致的是( )。
    A. 内部契合 B. 外部契合

A. 现金行权 B. 无现金行权
C. 现金行权并出售 D. 无现金行权并出售

32. ( )个人缴费工资计税基数为职工岗位工资和薪级工资之和。
    A. 企业年金 B. 职业年金
    C. 职业基金 D. 企业基金

33. 不喜欢跟人打交道，不适应社会性质的职业，厌恶从事教育、服务和说服性的工作的是( )职业兴趣类型。
    A. 现实型 B. 研究型
    C. 艺术型 D. 企业型

34. 在职业生涯发展过程中，个体的任务是确定兴趣和能力，让自我与工作匹配，这一阶段属于( )。
    A. 探索期 B. 建立期
    C. 维持期 D. 衰退期

35. 下列不属于城乡居民养老保险基金筹集构成的是( )。
    A. 个人缴费 B. 集体补助
    C. 企业补贴 D. 政府补贴

36. 下列不属于事业单位岗位设置的是( )。
    A. 人事岗位 B. 管理岗位
    C. 专业技术岗位 D. 工勤技能岗位

37. 工资收入是大多数劳动者的唯一生活来源，劳动者承受失业从而在失去生活来源的情况下保持原有生活水平的能力一般比较差，体现了劳动力市场的( )特征。
    A. 不确定性 B. 交易对象的难以衡量性
    C. 劳动力出售者地位的不利性 D. 市场交易条件的复杂性

38. 劳动力参与率是实际劳动力人口与( )之比。
    A. 人口总量 B. 潜在劳动力人口
    C. 失业劳动力人口 D. 就业劳动力人口

39. 在其他条件一定的情况下，关于劳动力需求的说法，正确的是( )。
    A. 在工资率上升时，劳动力需求量会下降
    B. 在劳动力供给增加时，劳动力需求数量下降
    C. 在产品需求增加时，劳动力需求数量会下降
    D. 资本的价格对于劳动力需求数量不会产生影响

40. 如果某市纺织工人的劳动力供给弹性为0.5，由于工资水平上涨，这类劳动者的劳动力供给时间增加了15%，他们原来的工资水平是每小时25元，那么现在的工资水平是( )元。
    A. 25.3 B. 26.7
    C. 30 D. 32.5

41. 下列不属于在现实生活中影响工资水平确定的因素的是( )。
    A. 劳动力市场的现状 B. 劳动者个人和家庭所需的生活费用
    C. 企业的工资支付能力 D. 同工同酬原则

42. 在劳动力市场的歧视来源中，与雇主的招募和甄选过程有关的是( )。

A. 客户歧视　　　　　　　　　　　B. 竞争性歧视
　　C. 非竞争性歧视　　　　　　　　　D. 统计性歧视
43. 由于政府实施城乡分离的就业政策而导致的工资差别属于(　　)。
　　A. 竞争性工资差别　　　　　　　　B. 补偿性工资差别
　　C. 非自然性垄断所造成的收入差别　D. 自然性垄断所造成的收入差别
44. 价格调整是通过(　　)的变动来完成的。
　　A. 生活水平　　　　　　　　　　　B. 物价指数
　　C. 工资水平　　　　　　　　　　　D. 购买能力
45. 在实际操作中，判断不充分就业人员的标准不包括(　　)。
　　A. 调查周内工作时间不足 20 小时　B. 工作时间短是个人原因
　　C. 愿意从事更多的工作　　　　　　D. 工作时间短是非个人原因
46. 下列关于季节性失业的表述，错误的是(　　)。
　　A. 季节性失业是指由于经济的周期性变化而导致的定期性的劳动者就业岗位的丧失
　　B. 容易形成季节性失业的部门或行业有农业、服装业等
　　C. 季节性失业是一种正常性失业
　　D. 季节性失业不利于劳动力资源的有效利用，造成了一定的人力浪费
47. 对于工人的技能学习来说，最普遍、最主要的方式是(　　)。
　　A. 高等教育　　　　　　　　　　　B. 脱产培训
　　C. 非在职培训　　　　　　　　　　D. 在职培训
48. 一个接受过特殊培训的员工离职，企业不得不用一个缺乏经验的员工填补空缺时，下列表述错误的是(　　)。
　　A. 企业丧失向离职者支付的训练费用　B. 企业必须重新培训新员工
　　C. 离职员工重新接受训练从事新工作　D. 企业不会承担新员工生产效率低的损失
49. 企业规模(　　)，员工的流动率(　　)。
　　A. 越大，越低　　　　　　　　　　B. 越小，越低
　　C. 越大，越高　　　　　　　　　　D. 无直接关系
50. 下列关于失业率和离职率的关系，表述错误的是(　　)。
　　A. 失业率和离职率存在着负相关关系　B. 失业率高时，离职率高
　　C. 失业率高时，离职率低　　　　　　D. 失业率低时，离职率高
51. 假如 r 表示贴现率(r 为正值)，那么 r 越小，则未来收入的现值就(　　)。
　　A. 越高　　　　　　　　　　　　　B. 越低
　　C. 不变　　　　　　　　　　　　　D. 无法预测
52. 甲公司与小张订立的劳动合同期满终止后，甲公司应保存劳动合同文本至少(　　)备查。
　　A. 2 年　　　　　　　　　　　　　B. 1 年
　　C. 6 个月　　　　　　　　　　　　D. 30 日
53. 下列关于经济补偿的特殊情形描述不正确的是(　　)。
　　A. 劳动者非因本人原因从原用人单位被安排到新用人单位工作的，劳动者在原用人单位的工作年限合并计算为新用人单位的工作年限
　　B. 新用人单位在依法解除劳动合同计算支付经济补偿的工作年限时，不再计算劳动者

69. 出现下列( )情形之一的人员，不得成为股票期权的激励对象。
    A. 最近3年内被证券交易所公开谴责的
    B. 最近3年内因重大违法违规行为被中国证监会予以行政处罚的
    C. 最近3年所从事工作的原公司发生破产的
    D. 最近3年内被证券交易所宣布为不适当人选的
    E. 具有我国《公司法》规定的不得担任公司董事、监事、高级管理人员情形的

70. 股票增值权作为股权激励模式，具有的优点包括( )。
    A. 操作方便、快捷
    B. 激励对象无须现金付出
    C. 降低企业激励成本，并且企业有现金流入
    D. 无须证监会审批，无须解决股票来源问题
    E. 通过对业绩条件、禁售期限的严格规定，使激励与约束对等

71. 劳动关系中政府的作用包括( )。
    A. 劳动关系运行的监督者   B. 劳动合同的制定者
    C. 劳动争议的重要调解仲裁者   D. 劳动关系重大冲突的控制
    E. 协调劳动关系制度和机制建设的推动者

72. 事业单位人员的( )为基本工资。
    A. 岗位工资   B. 薪级工资
    C. 绩效工资   D. 职务工资
    E. 津贴补贴

73. 产业部门按各产业所使用的投入组合的特点为标志来划分，可分为( )。
    A. 初级产业   B. 制造业
    C. 劳动密集型产业   D. 资本密集型产业
    E. 技术密集型产业

74. 在现实生活中，影响工资水平确定的因素有( )。
    A. 劳动者学历情况   B. 劳动者个人及其家庭所需的生活费用
    C. 同工同酬原则   D. 劳动力市场的现状
    E. 企业的工资支付能力

75. 关于季节性失业，下列说法中正确的有( )。
    A. 季节性失业是一种正常失业
    B. 季节性失业是由于季节变化导致的定期性就业岗位的丧失
    C. 季节性失业会影响季节工人的收入及生活的稳定性
    D. 从长远来看，季节性失业会促进劳动生产率的提高，促进生产力的发展
    E. 季节性失业不利于劳动力资源的有效利用，造成一定的人力浪费

76. 劳动派遣单位的法定义务包括( )。
    A. 依法支付被派遣劳动者的劳动报酬
    B. 依法向被派遣劳动者提供相应的劳动条件
    C. 依法为被派遣劳动者缴纳社会保险费
    D. 不得向被派遣劳动者收取费用
    E. 依法向被派遣劳动者支付加班费

77. 诉讼活动中,因用人单位作出的( )等决定而发生的劳动争议,用人单位负举证责任。
   A. 开除
   B. 劳动者主张事宜
   C. 解除劳动合同
   D. 减少劳动报酬
   E. 计算劳动者工作年限

78. 下列法律关系中,属于社会保险法律关系的有( )。
   A. 征收社会保险费的机构与劳动者因征收失业保险费产生的法律关系
   B. 企业与劳动者因建立企业年金产生的法律关系
   C. 社会保险经办机构与退休职工因支付基本养老金产生的法律关系
   D. 社会保险行政部门与企业认定工伤产生的法律关系
   E. 商业保险公司与参加意外伤害险的职工因支付住院津贴产生的法律关系

79. 下列情形中,属于劳动争议仲裁时效中断的有( )。
   A. 当事人能够证明因不可抗力等客观原因无法申请仲裁
   B. 一方当事人向对方当事人主张权利
   C. 一方当事人向有关部门请求权利救济
   D. 对方当事人同意履行义务
   E. 限制民事行为能力劳动者的法定代理人尚未确定

80. 下列情形中,应当认定为工伤的有( )。
   A. 劳动者患职业病
   B. 劳动者在上班途中,受到非本人主要责任的交通事故伤害
   C. 劳动者在下班途中,受到暴力伤害
   D. 劳动者在工作时间和工作场所内,因工作原因受到事故伤害
   E. 劳动者在工作时间和工作场所内,因酗酒发生事故受到伤害

三、**案例分析题**(共20题,每题2分。由单选和多选组成。错选,本题不得分;少选,所选的每个选项得0.5分)

(一)

小张和小王是美国名校计算机专业研究生,毕业后两人回国创业,在北京成立了一家小型互联网公司。起初,公司一共不到20人,与很多公司一样,小张和小王实行了"领导决策,员工执行"的管理方式。公司近几年发展很快,规模也扩大到100多人,但不久就陷入了瓶颈:一方面,作为互联网公司,技术创新是核心,仅靠小张和小王很难保持公司长期的创新活力;另一方面,公司员工的工作积极性也成了问题。小张和小王开始反思:"公司有这么多员工,为什么技术创新总是跟不上呢?"很快,他们想到可能是管理方式出了问题。

于是,小张和小王借鉴了谷歌公司的管理方式,用扁平的组织结构取代了传统金字塔形的组织结构,淡化了领导与员工之间的职位等级观念,建立起一种民主的工作氛围。此外,小张和小王鼓励员工积极表达自己的想法,并采纳了员工很多好的想法。改变管理方式后,公司冲破了发展的瓶颈,迅速发展壮大。

81. 小张和小王借鉴的是( )领导风格。
   A. 目标管理
   B. 参与管理
   C. 授权管理
   D. 团队管理

82. 基于小张和小王借鉴的这种领导风格,该公司可考虑采用的管理措施还有( )。

A. 企业在雇用员工时付出的搜寻成本和筛选成本会随着员工被解雇而流失
B. 解雇员工在一定程度上会对企业未来的新员工招募能力产生不良影响
C. 解雇员工的成本总是会超过雇用新员工的成本
D. 解雇员工就意味着企业在员工身上付出的培训成本流失

96. 下列关于劳动力供给方在劳动力市场上的摩擦力的说法，正确的是（　　）。
A. 在现实中，即使在同一职业中拥有相同技能的劳动者之间也可能存在工资差别，这是一种劳动力市场非均衡现象
B. 在现实中，之所以出现同一职业中拥有相同技能的劳动者之间也存在工资差别的情况，主要原因在于劳动力流动受到人为限制
C. 劳动力流动成本的存在是导致劳动者不会因为存在工资差别就一定流动的主要原因
D. 从存在劳动力流动成本角度来看，劳动力在不同雇主之间的流动实际上并不是完全自由的

（五）

甲公司因整理文字资料的需要招聘了李某，并与李某协商签订了一份非全日制用工劳动合同。李某工作一段时间后，觉得收入太低，又到乙公司工作，并签订了非全日制用工劳动合同。不久，李某觉得同时在两家公司工作太累，遂向甲公司提出解除劳动合同。甲公司认为李某应提前30日通知该公司解除劳动合同；而李某则向甲公司提出解除劳动合同经济补偿的要求。

97. 关于李某订立非全日制用工劳动合同的说法，正确的是（　　）。
A. 李某不得与甲公司以外的用人单位订立劳动合同
B. 李某与甲公司订立的非全日制用工劳动合同不得约定试用期
C. 需经甲公司同意，李某才能与乙公司订立劳动合同
D. 甲公司与李某不可以订立口头协议

98. 关于甲公司支付李某劳动报酬的说法，正确的是（　　）。
A. 李某所从事的非全日制用工必须按周计酬
B. 甲公司向李某支付劳动报酬的周期最长不得超过15日
C. 甲公司应按月向李某支付劳动报酬
D. 李某在甲公司的计酬标准不得低于最低生活保障标准

99. 关于李某解除劳动合同的说法，正确的是（　　）。
A. 李某应提前30日通知甲公司解除劳动合同
B. 甲公司可不向李某支付经济补偿
C. 李某可以随时通知甲公司终止用工
D. 甲公司应向李某支付解除劳动合同生活补助

100. 李某在同一用人单位的每周工作时间累计不超过（　　）小时。
A. 20　　　　　　　　　　　　　B. 24
C. 28　　　　　　　　　　　　　D. 30

最后冲刺套题(四)

一、**单项选择题**(共60题,每题1分。每题的备选项中,只有1个最符合题意)

1. 根据马斯洛的需要层次理论,下列需要层次中主要靠内在因素来满足的是( )。
   A. 生理需要   B. 安全需要
   C. 归属需要   D. 尊重需要
2. 绩效薪金制通过将报酬与绩效挂钩强化了对员工的激励,这种做法与( )的原理最为吻合。
   A. 领导—成员交换理论   B. 双因素理论
   C. 期望理论   D. ERG理论
3. 领导的影响力主要来源于( )。
   A. 个人的威信   B. 员工的拥戴
   C. 组织的正式任命   D. 大胆的管理
4. 根据吉伯的观点,领导的重要特质不包含( )。
   A. 良好的调适能力   B. 自信
   C. 勇于实践   D. 外向
5. 根据路径—目标理论,努力建立舒适的工作环境,亲切友善,关心下属的要求,这种领导行为称为( )。
   A. 指导式   B. 支持型
   C. 参与式   D. 成就取向式
6. 组织结构包含的要素中,针对任务分工的层次和细致程度的要素是( )。
   A. 集权度   B. 复杂性
   C. 规范性   D. 层次性
7. 管理方格理论中,坐标位置为(1,9)的领导风格称为( )。
   A. "中庸式"领导风格   B. "乡村俱乐部"领导风格
   C. "无为而治"领导风格   D. "任务"领导风格
8. 组织的纵向结构指的是( )。
   A. 职能结构   B. 部门结构
   C. 层次结构   D. 职权结构
9. 战略性人力资源管理的核心概念是( )。
   A. 战略匹配   B. 战略管理
   C. 战略互补   D. 战略优化
10. 在SWOT分析中,通过考察组织的运营环境,分析组织所面临的各种战略机会以及所受到的各种威胁的是( )。
    A. 内部分析   B. 外部分析
    C. 战略分析   D. 比较分析

31. 培训与开发效果评估中应用最广的是层次评估模型,把评估内容分为反应、学习、行为、结果、投资收益等五个方面。其中最基本、最常用的评估方式是( )。
    A. 反应评估   B. 学习评估
    C. 工作行为评估   D. 结果评估

32. 下列不属于按工会的组织结构分类的是( )。
    A. 职业工会   B. 产业工会
    C. 总工会   D. 全国性工会

33. 常用的培训与开发效果的评估方法是( )。
    A. 问卷调查法   B. 控制实验法
    C. 观察法   D. 分析法

34. 人力资源服务机构应当建立服务台账,如实记录服务对象、服务过程、服务结果等信息,服务台账应当保存( )以上。
    A. 6个月   B. 12个月
    C. 18个月   D. 2年

35. 城乡居民养老保险制度中,地方人民政府对选择500元及以上档次标准缴费的,补贴标准不低于每人每年( )元。
    A. 20   B. 30
    C. 60   D. 100

36. 机关事业单位工作人员养老保险,单位缴纳基本养老保险费的比例为本单位工资总额的( )。
    A. 8%   B. 15%
    C. 20%   D. 25%

37. 企业之所以会愿意支付高工资,一个基本假设就是( )。
    A. 高工资可以提高员工的工作技能
    B. 高工资有利于降低员工的离职率
    C. 高工资往往能够带来高生产率
    D. 高工资往往能够更容易让人产生公平感

38. 下列不属于决定劳动力供给数量的因素的是( )。
    A. 人口总量   B. 劳动力参与率
    C. 劳动者的平均周工作时间 D. 劳动者的平均年龄

39. 附加的劳动者效应体现了( )特点。
    A. 劳动力供给的经济周期 B. 劳动力供给的生命周期
    C. 劳动力需求的经济周期 D. 劳动力需求的生命周期

40. 经济衰退时期,在劳动力供给方面占主导地位的效应是( )。
    A. 收入效应   B. 附加的劳动者效应
    C. 替代效应   D. 灰心丧气的劳动者效应

41. 在某地区劳动力市场上出现的下列情况中,有助于失业率下降的是( )。
    A. 一大批到达退休年龄的劳动者退出劳动力市场
    B. 很多刚毕业的大学生找不到工作
    C. 很多企业因为经济不景气而不得不裁员

D. 一部分失业者在经过相关技能培训后重新就业

42. 企业的经济实力、竞争能力和由于劳动力费用增长而使企业进行贸易活动所要承担的风险决定了( )。
   A. 劳动者愿意接受的最低工资水平
   B. 企业所能支付的最高工资水平
   C. 国家规定的最低工资水平
   D. 工会能够接受的最低工资水平

43. 下列关于工资水平的表述,错误的是( )。
   A. 规模大的企业一定会支付较高水平的工资
   B. 较高的工资有助于提高员工的生产率
   C. 如果企业从提高工资中所获得的边际收益与它所导致的边际成本相等,那么这时的工资就是能够使企业实现利润最大化的工资水平
   D. 较高的工资水平有利于遏制员工的偷懒行为

44. 关于工资差别,下列说法中不正确的是( )。
   A. 工资差距的存在必然是长期的
   B. 工资差别从本质上讲是同劳动相联系的
   C. 只要劳动者的素质和技术不能完全相同,劳动条件的差别就无法消除,工资差别就不可能消除
   D. 现阶段,我国应大力发展经济,努力消除工资差别,以确保共同富裕的实现

45. 按照经济专家的观点,不计入"自然失业率"的是( )。
   A. 周期性失业
   B. 摩擦性失业
   C. 结构性失业
   D. 季节性失业

46. 人力资本投资的( )越高,则投资价值越大。
   A. 直接成本
   B. 机会成本
   C. 收益率
   D. 边际成本

47. 下列( )情况下,高中毕业生更愿意上大学。
   A. 经济衰退期
   B. 高贴现率时期
   C. 经济繁荣期
   D. 经济增长期

48. 如果劳动者从单位离职,不是由于该单位提供的工资报酬过低,而是因为对该单位的文化或领导风格不满意,这种情况表明( )。
   A. 劳动力流动的主要目的是获得工资福利的增加
   B. 劳动力流动的唯一目的是获得心理收益或降低心理成本
   C. 劳动力流动的原因之一是在一个组织中的工资很高但福利过低
   D. 劳动力流动的原因之一是在一个组织中的心理成本过高或心理收益过低

49. 关于一般在职培训和特殊在职培训的说法,正确的是( )。
   A. 一般在职培训需要离岗完成
   B. 特殊在职培训需要离岗完成
   C. 一般在职培训和特殊在职培训都能带来员工生产率提高
   D. 一般在职培训和特殊在职培训不可能同时发生在一次培训中

50. 在中国境内就业的外国人,应当( )。
   A. 参加职工基本养老保险和职工基本医疗保险
   B. 参照我国《中华人民共和国社会保险法》规定参加我国的社会保险

B. 有效的绩效管理体系可以明确区分高效率员工和低效率员工
C. 有效的绩效管理体系能够将工作标准和组织目标相联系
D. 绩效管理工作能够得到组织上下的接受和支持
E. 绩效管理带来的收益要小于绩效管理体系的建立和维护成本

69. 作为被广泛应用的绩效考核方法，目标管理法存在的优势有（　　）。
    A. 有效性   B. 较为公平
    C. 聚焦长期目标   D. 调动了员工的积极性
    E. 实施过程比关键指标法和平衡计分卡法更易操作

70. 年薪制模型的组成要素主要有（　　）。
    A. 优越的工作环境   B. 奖金
    C. 长期奖励   D. 福利津贴
    E. 基本薪酬

71. 下列属于培训与开发评估中结果评估的硬指标的有（　　）。
    A. 质量   B. 时间
    C. 成本   D. 主动性
    E. 顾客服务

72. 下列属于劳动关系系统运行功能的是（　　）。
    A. 合作   B. 冲突
    C. 动力   D. 约束
    E. 发展

73. 在长期中，工资率与劳动力需求之间的关系是（　　）。
    A. 工资率上涨的规模效应导致劳动力需求上升
    B. 工资率上涨的替代效应导致劳动力需求上升
    C. 工资率上涨的规模效应导致劳动力需求下降
    D. 工资率上涨的替代效应导致劳动力需求下降
    E. 工资率的上涨总是会导致劳动力需求下降

74. 高工资往往导致高生产率，这是因为高工资通常（　　）。
    A. 有助于企业控制人工成本   B. 有助于组织吸引优秀员工
    C. 有助于员工产生外部公平感 D. 有助于提高员工工作积极性
    E. 有助于降低员工离职率

75. 技术性失业的形成原因有（　　）。
    A. 采用先进的科学技术通过提高劳动生产率取代了一部分劳动力
    B. 采用新的经营管理方式通过提高劳动生产率取代了一部分劳动力
    C. 一些部门或行业对劳动力的需求随季节的变化而变化
    D. 信息的不完善
    E. 经济的周期性波动

76. 教育的社会收益表现在（　　）。
    A. 教育投资直接导致国民收入的提高和社会财富的增长
    B. 教育投资有助于降低失业率
    C. 教育投资会提高社会以及经济中的交易费用，降低市场效率

D. 教育投资有助于提高社会的道德水平和信用水平

E. 教育投资可以起到预防犯罪的作用

77. 企业实施在职培训的机会成本包括(   )。

A. 在职培训支付的场地费

B. 邀请外部讲师提供培训的讲课费

C. 受训员工因为参加培训而无法全力工作的损失

D. 利用本企业的机器和资深员工提供培训而导致的工作效率损失

E. 购买培训材料的费用

78. 竞业限制的人员限于用人单位的(   )。

A. 高级管理人员　　　　　　　　B. 高级技术人员

C. 所有职员　　　　　　　　　　D. 负有保密义务的人员

E. 基层人员

79. 下列属于建立企业年金条件的有(   )。

A. 依法参加基本养老保险并履行缴费义务

B. 参加了基本医疗保险

C. 具有相应的经济负担能力

D. 为员工提供了优厚的福利

E. 已建立集体协商机制

80. 劳务派遣用工单位应承担的法定义务包括(   )。

A. 应当向被派遣劳动者收取管理费

B. 向被派遣劳动者告知工作要求和劳动报酬

C. 只能以非全日制用工形式招用被派遣劳动者

D. 支付加班费、绩效奖金

E. 连续用工的，实行正常的工资调整机制

三、案例分析题(共20题，每题2分。由单选和多选组成。错选，本题不得分；少选，所选的每个选项得0.5分)

(一)

A公司董事长每年年底都会与员工谈话，目的是了解员工过去一年的工作状况，对公司的态度以及未来的打算。在今年的谈话中，员工小李说，自己很喜欢公司的工作环境，跟大部分同事的关系也很好，但是自己工作非常努力，却不被领导认可，升职希望渺茫；而同办公室的小王工作没有自己努力，却总被领导夸奖，上个月还涨了工资，这让自己深受打击，工作动力没有以前那么大了，甚至萌生了辞职念头。董事长询问小李原因，小李认为，这是由于公司为员工设置的工作目标不合理造成的。领导给小王设置的工作目标比自己的容易达到，所以即使自己非常努力，领导也不认可；然而，工作目标是领导设定的，自己没有发言权。董事长听后表示在今后公司管理工作中会考虑小李的意见。

81. 根据马斯洛的需要层次理论，小李在工作中没有得到满足的需要是(   )。

A. 生理需要　　　　　　　　　　B. 安全需要

C. 尊重需要　　　　　　　　　　D. 自我实现需要

82. 根据双因素理论，让小李感到不满的主要因素是(   )。

司派遣劳动者到甲公司须( )。
   A. 经工商行政部门审批　　　　　　B. 获得乙劳务派遣公司工会同意
   C. 经甲公司职工代表大会批准　　　D. 取得经营劳务派遣业务行政许可

95. 甲公司只能在( )工作岗位上使用被派遣劳动者。
   A. 临时性　　　　　　　　　　　　B. 灵活性
   C. 辅助性　　　　　　　　　　　　D. 替代性

96. 关于甲公司在2011年与丙劳务派遣公司订立的为期3年的劳务派遣协议能否继续履行的说法正确的是( )。
   A. 该劳务派遣协议自2013年7月1日起不得继续履行
   B. 该劳务派遣协议内容不符合同工同酬规定的，应当依法进行调整
   C. 该劳务派遣协议不受全国人大常委会修改劳动合同法决定的影响，继续履行至期限届满
   D. 该劳务派遣协议须经甲公司所在地劳动行政部门批准，方可继续履行

(五)

2019年3月，张某到某建筑公司打工，双方签订了为期1年的劳动合同，合同约定：月工资3 000元，每天工作9小时，每周工作7天，不享受年休假，合同履行期间发生伤残，公司概不负责。2019年6月，王某在施工中因操作不当被砸伤。王某认为自己被砸伤属于工伤，要求公司予以赔偿，公司却以王某违反规章制度为由解除与王某劳动合同。王某不服，向当地劳动争议仲裁委员会申请仲裁，要求认定被砸伤为工伤，并要求公司支付解除劳动合同经济补偿。

97. 下列劳动合同约定中，符合法律规定的是( )。
   A. 王某与某建筑公司签订的劳动合同为期1年
   B. 王某与某建筑公司签订的劳动合同约定每日工作9小时，每周工作7天
   C. 王某与某建筑公司签订的劳动合同约定合同履行期间发生伤残，公司概不负责
   D. 王某与某建筑公司签订的劳动合同约定不享受年休假

98. 关于王某被砸伤是否为工伤的说法，符合法律规定的是( )。
   A. 王某在施工中因操作不当被砸伤，责任在王某本人，因此所受伤不应当为工伤
   B. 王某与公司已约定发生伤残公司概不负责，因此所受伤不应当为工伤
   C. 王某在施工中因操作不当被砸伤，王某本人有一定责任，但所受伤仍应当为工伤
   D. 王某在建筑公司如果工作1年以上，所受伤才可以认定为工伤

99. 关于工伤认定的说法，正确的是( )。
   A. 王某已申请劳动争议仲裁，劳动争议仲裁委员会应对王某所受伤做出工伤认定
   B. 劳动争议仲裁委员会无权对王某所受伤做出工伤认定
   C. 王某被砸伤后可以向社会保险行政部门申请工伤认定
   D. 王某认为自己被砸伤属于工伤，某建筑公司应当同意王某的看法

100. 如果王某所受伤没有被认定为工伤，甲公司依法支付王某解除劳动合同经济补偿金额为( )元。
   A. 1 500　　　　　　　　　　　　B. 3 000
   C. 6 000　　　　　　　　　　　　D. 12 000

最后冲刺套题(五)

一、单项选择题(共60题,每题1分。每题的备选项中,只有1个最符合题意)

1. 根据马斯洛需要层次理论,良好的同事关系属于( )。
   A. 安全需要　　　　　　　　　　B. 归属和爱的需要
   C. 尊重的需要　　　　　　　　　D. 自我实现的需要

2. 特质理论不能解释为什么具有不同特质的领导在各自的组织中都可以工作得非常出色,这体现了特质理论( )。
   A. 忽视了下属的需要
   B. 没有区分原因和结果
   C. 忽视了情境因素
   D. 没有指明各种特质之间的相对重要性

3. 组织中任何层次的领导者都不能逃避有效的( )。
   A. 管理技能　　　　　　　　　　B. 概念技能
   C. 人际技能　　　　　　　　　　D. 技术技能

4. 豪斯的路径—目标理论认为,设定挑战性目标、鼓励下属实现自己的最佳水平,属于( )类型的领导行为。
   A. 指导式　　　　　　　　　　　B. 支持型
   C. 参与式　　　　　　　　　　　D. 成就取向式

5. 按照理性决策模型,决策者的特征包括( )。
   A. 从目标意义上分析,决策完全理性
   B. 决策者遵循的是满意原则,在选择时不必知道所有的可能方案
   C. 决策者可以采用经验启发式原则或一些习惯来进行决策
   D. 决策者在选择备选方案时,试图寻找令人满意的结果

6. 关于组织结构的说法,错误的是( )。
   A. 组织结构的本质是企业员工的分工协作关系
   B. 组织结构的内涵是企业员工在职、权、责三方面的结构体系
   C. 设计组织结构的目的是为了实现组织目标
   D. 组织结构与权责结构有本质的区别

7. 具有直线—参谋制特点的组织形式属于( )。
   A. 行政层级式　　　　　　　　　B. 矩阵组织形式
   C. 职能制形式　　　　　　　　　D. 事业部制组织形式

8. 鼓励冒险和革新的组织文化称为( )组织文化。
   A. 学院型　　　　　　　　　　　B. 俱乐部型
   C. 棒球队型　　　　　　　　　　D. 堡垒型

9. 组织结构设计的特征因素不包括( )。

C. 企业的劳动生产率
D. 一定时期内企业人工成本的变动幅度

29. 某公司销售人员的薪酬由基本工资和销售提成组成，这种薪酬方案称为（　　）。
A. 单纯佣金制　　　　　　　　　　　B. 基本薪酬加佣金制
C. 基本薪酬加奖金制　　　　　　　　D. 基本薪酬加佣金加奖金制

30. 关于职业生涯管理的说法，错误的是（　　）。
A. 只有组织职业生涯管理与个体职业生涯管理相匹配，才能提高员工的满意度，降低离职率
B. 组织职业生涯管理有利于员工进行个体职业生涯管理
C. 积极进行个体职业生涯管理的员工，通常会获得更多的来自组织的职业发展支持
D. 职业生涯管理是员工个人的事情，不需要直线经理人员参与其中

31. 下列纠纷中，属于劳动争议情形的是（　　）。
A. 家政服务员赵某与其服务的家庭因休息休假发生争议
B. 退休职工刘某与社会保险经办机构因发放基本养老金发生争议
C. 大学生黄某与某公司因实习报酬发生争议
D. 张某与用人单位因解除劳动合同后办理人事档案转移发生争议

32. 关于培训与开发效果评估内容的陈述，正确的是（　　）。
A. 反应评估易于进行，也是最基本、最常用的评估方式
B. 直接观察是进行工作行为评估最常用的方法
C. 反应评估的重点是评价培训与开发是否带来了受训人员行为上的改变
D. 投资收益评估是培训与开发效果评估最重要的内容，也是组织高管层最关心的评估内容

33. 下列劳动关系类型中，不属于按照劳动关系双方力量对比进行划分的是（　　）。
A. 均衡型　　　　　　　　　　　　　B. 倾斜型
C. 居中型　　　　　　　　　　　　　D. 政府主导型

34. 劳动关系运行系统中，其运行的基本方向是劳动关系的（　　）。
A. 合作　　　　　　　　　　　　　　B. 冲突
C. 约束　　　　　　　　　　　　　　D. 激励

35. 企业年金个人缴费基数中，月平均工资超过职工工作地所在设区城市上一年度职工月平均工资（　　）以上的部分，不计入个人缴费工资计税基数。
A. 100%　　　　　　　　　　　　　　B. 150%
C. 200%　　　　　　　　　　　　　　D. 300%

36. 专业技术人员参加继续教育的时间，每年累计应不少于（　　）学时。
A. 30　　　　　　　　　　　　　　　B. 45
C. 60　　　　　　　　　　　　　　　D. 90

37. 人口普查发现，某地区共有人口10万，其中16岁以上的人口总数为8万人，就业人口为5万人，失业人口为1万人。则该地区的劳动力参与率为（　　）。
A. 80%　　　　　　　　　　　　　　B. 75%
C. 70%　　　　　　　　　　　　　　D. 60%

38. 工资率提高对劳动力供给产生的收入效应导致（　　）。

A. 劳动力供给时间减少　　　　　　B. 劳动力供给时间增加
C. 劳动力供给人数减少　　　　　　D. 劳动力供给人数增加

39. 一国的平均工资率从10元/小时上升到15元/小时，该国总的劳动工时供给数量上升了40%，则该国的劳动力供给曲线是（　　）。
    A. 缺乏弹性的　　　　　　　　　B. 富有弹性的
    C. 单位弹性的　　　　　　　　　D. 无弹性的

40. 如果青年劳动力的工资率上涨1%导致中年劳动力的就业量下降0.5%，则青年劳动力与中年劳动力之间存在（　　）。
    A. 总互补关系　　　　　　　　　B. 总替代关系
    C. 互补关系　　　　　　　　　　D. 替代关系

41. 激励劳动者从低生产率的岗位、企业向高生产率的岗位、企业转移，从而在整个社会范围内不断重新配置劳动力资源的是（　　）。
    A. 劳动条件　　　　　　　　　　B. 工资差别
    C. 劳动力供给　　　　　　　　　D. 劳动力需求

42. 竞争性工资差别又称为（　　）。
    A. 报酬性工资差别　　　　　　　B. 责任性工资差别
    C. 技能性工资差别　　　　　　　D. 学历性工资差别

43. 两种性别的劳动力在各种职业中分布是完全相同的，则差异指数为（　　）。
    A. 0　　　　　　　　　　　　　　B. 100
    C. 正数　　　　　　　　　　　　D. 负数

44. 目前我国在统计失业率时，所应用的指标是（　　）。
    A. 国民失业率　　　　　　　　　B. 城镇登记失业率
    C. 城市失业率　　　　　　　　　D. 城镇登记待业率

45. 美国劳工部的失业统计具有的特点不包括（　　）。
    A. 抽样技术全国一致　　　　　　B. 信息的时效性很强
    C. 失业率数据非常详细　　　　　D. 统计机构繁多

46. 关于人力资本投资的说法，正确的是（　　）。
    A. 人力资本投资只有收益，没有成本
    B. 人力资本投资的成本产生在当前，收益却产生在未来
    C. 无论是对国家还是对个人来说，人力资本投资都是越多越好
    D. 人力资本投资的投资者和获益者是同一主体

47. 美国著名经济学家加利·贝克尔在他的颇有影响的《人力资本》一书中表述人力资本投资理论的特征时认为人力资本投资的重点在于它的（　　）。
    A. 货币和物质收入　　　　　　　B. 投资回报
    C. 未来导向性　　　　　　　　　D. 资本贴现率

48. 进行教育和培训选择时，通常通过对（　　）比较来判断人力资本投资是否值得。
    A. 未来的预期收益与现期成本　　B. 未来的预期收益与预期成本
    C. 未来的收益现值与现期成本　　D. 未来的收益现值与预期成本

49. 就市场而言，接受正规学校教育年数越多的人，接受在职培训的可能性就会（　　）。
    A. 越少　　　　　　　　　　　　B. 越多

68. 在运用关键绩效指标法确立绩效评估体系时,管理者需要注意的问题有(   )。
    A. 关键绩效指标要彻底贯彻企业战略重点
    B. 同类型职位的关键绩效指标必须保持一致
    C. 关键绩效指标必须是不可量化的
    D. 关键绩效指标的数量不宜过多
    E. 关键绩效指标的数量要足够多

69. 关于绩效评价相关问题的说法,错误的有(   )。
    A. 晕轮效应是指主管人员在绩效评价过程中,对员工的评定过于严厉
    B. 盲点效应是指主管人员难于发现员工身上存在的与主管自身相似的缺点
    C. 刻板印象是指主管人员不愿意得罪人,使绩效考核结果没有好坏的差异
    D. 近因效应是指主管人员在绩效考核中往往根据最初的印象去评价员工
    E. 首因效应是指根据最初的印象去判断一个人

70. 在组织层次的职业生涯管理中,潜能评价中心常用的方法包括(   )。
    A. 评价中心   B. 职业生涯锚
    C. 心理测验   D. 替换或继任规划
    E. 职业生涯研讨会

71. 一般认为,可以用来衡量职业生涯管理的有效性的标准包括(   )。
    A. 成立潜能评价中心
    B. 是否达到个人或组织目标及程度
    C. 态度或知觉到的心理的变化
    D. 具体活动的完成情况
    E. 绩效指数变化

72. 机关工人的岗位工资根据(   )确定。
    A. 工作实绩   B. 德才表现
    C. 工作难易程度   D. 工作技能
    E. 工作质量

73. 在亚当·斯密所提及的引起职业间工资差别的各种原因中,属于补偿性工资差别的有(   )。
    A. 劳动强度和劳动条件引起的工资差别
    B. 从业时的愉快或不愉快程度引起的工资差别
    C. 职业稳定与保障程度引起的工资差别
    D. 从业能力的难易程度引起的工资差别
    E. 从业者承担的责任程度引起的工资差别

74. 下列关于劳动力市场歧视的表述,正确的有(   )。
    A. 劳动力市场歧视可以分为工资歧视和职业歧视
    B. 具有相同生产率特征的两类人却获得了不同的报酬,属于工资歧视
    C. 对具有相同的受教育水平和其他生产率特征的不同类型的劳动者加以区别对待,属于职业歧视
    D. 如果所有的职业都是完全隔离的,则差异指数的值为零
    E. 劳动力市场歧视来源于个人偏见、统计性偏见,以及非竞争性歧视

75. 经济学家认为可缓和结构性失业的措施有(　　)。
   A. 政府规定合理的失业补助期限
   B. 加强劳动力市场的情报工作，使求职人员及时了解劳动力市场的供求情况
   C. 由政府提供资金，向愿意从劳动力过剩地区迁到劳动力短缺地区的失业工人提供安置费
   D. 制订各种培训计划，使工人的知识更新与技术发展同步进行，以适应新职业的需要
   E. 提供更好的职业指导和职业供求预测

76. 企业常常根据他们认为与生产率之间存在某种联系的、同时又是可以被观察到的标志或特征来进行人员的筛选。这些标志或特征包括(　　)。
   A. 工作能力   B. 年龄
   C. 经验   D. 受教育程度
   E. 表达能力

77. 下列关于影响劳动力流动的因素的表述正确的有(　　)。
   A. 一般情况下，企业规模越大，员工的流动率越高
   B. 企业所处的地理位置实际上决定了企业员工到其他组织寻找工作的便利性及其成本高低
   C. 劳动者在一个组织中的心理成本过高或心理收益过低会导致员工的流失
   D. 在其他条件相同的情况下，劳动者的任职年限越长，通常离职的可能性越低
   E. 整个社会对于流动的态度以及流动的传统习惯会影响劳动力的流动率

78. 社会保险法律适用的基本规则包括(　　)。
   A. 原则上保持历史的连续性
   B. 上位法的效力高于下位法
   C. 同位法中特别规定与一般规定不一致时，适用特别规定
   D. 同位法中新的规定与旧的规定不一致，适用新的规定
   E. 原则上不溯及既往

79. 下列关于社会保险法律责任，说法正确的有(　　)。
   A. 以欺诈、伪造证明材料或者其他手段骗取社会保险基金支出或者骗取社会保险待遇的，应当退回，并处骗取金额2倍以上5倍以下的罚款
   B. 隐匿、转移、侵占、挪用社会保险基金或者违规投资运营的，由社会保险行政部门、财政部门、审计机关责令追回
   C. 用人单位不办理社会保险登记的，逾期不改正的，处应缴社会保险费数额1倍以上3倍以下的罚款，对其直接负责的主管人员和其他直接责任人员处500元以上3 000元以下的罚款
   D. 用人单位未按时足额缴纳社会保险费的，社会保险费征收机构责令其限期缴纳或者补足，并自欠缴之日起，按日加收万分之二的滞纳金
   E. 工伤职工或者其近亲属骗取工伤保险待遇的，由社会保险行政部门责令退还，处骗取金额2倍以上5倍以下的罚款

80. 劳动争议当事人的义务包括(　　)。
   A. 按规定交纳诉讼费
   B. 应按时参加仲裁和诉讼活动，遵守仲裁庭和法庭的纪律
   C. 当劳动争议仲裁委员会不受理仲裁申请时，要求其作出说明

C. 收入替代效应 D. 劳动力市场效应

94. 经济衰退时期会产生附加的劳动者效应和灰心丧气的劳动者效应，下列说法错误的是（　　）。
    A. 附加的劳动者效应所产生的潜在作用类似于收入效应
    B. 附加的劳动者效应和灰心丧气的劳动者效应在作用上是相同的
    C. 灰心丧气的劳动者效应在二者中比较强，并且占据着主导地位
    D. 附加的劳动者效应在经济衰退时期表现尤为明显

95. 根据家庭生产理论，下列说法正确的是（　　）。
    A. 一个家庭会把它生产出来的家庭物品看成是效用的直接来源
    B. 把家庭的可能时间分为市场工作时间和家庭生产时间
    C. 家庭物品的生产方式可以划分为时间密集型和资本密集型两种
    D. 家庭的内部分工决策通常适用于比较优势理论

96. 目前女性（尤其是已婚女性）的劳动力参与率（　　）。
    A. 大幅度下降 B. 大幅度上升
    C. 没有明显变化 D. 时而上升，时而下降

（五）

甲投资公司（以下简称甲公司）与乙国有企业（以下简称乙企业）以甲公司出资金乙企业提供场地的方式成立了一家大型超市。超市成立后，与丙劳务派遣公司（以下简称丙公司）签订劳务派遣协议，由丙公司派遣李某到超市工作。不久，甲公司与乙企业产生纠纷，导致超市停业。超市于是将李某退回丙公司，丙公司以李某经过调整工作岗位仍不胜任工作为由解除了李某的劳动合同，李某认为，其在超市的工作属于法律规定禁止实施劳务派遣的范围，遂向劳动行政部门投诉，要求追究甲乙丙三家公司的法律责任。

97. 李某的用人单位是（　　）。
    A. 甲公司 B. 乙公司
    C. 丙公司 D. 超市

98. 关于超市将李某退回丙公司的说法，正确的是（　　）。
    A. 超市可以因决定提前解散而将李某退回丙公司
    B. 超市可以因甲公司拒绝承担出资责任而将李某退回丙公司
    C. 超市可以因乙企业收回场地而将李某退回丙公司
    D. 超市可以自行决定将李某退回丙公司

99. 丙公司解除李某劳动合同，符合法律规定的做法是（　　）。
    A. 李某因超市退回，丙公司在解除与李某的劳动合同时无须支付经济补偿
    B. 丙公司解除与李某的劳动合同时，无须考虑李某被退回的原因
    C. 李某经调整工作岗位仍不胜任工作而被退回，丙公司可以解除与李某的劳动合同
    D. 丙公司只可在与李某协商一致的情况下才能解除劳动合同

100. 超市在（　　）岗位上使用李某不符合劳动合同法的规定。
    A. 临时性工作 B. 辅助性工作
    C. 主营业务工作 D. 替代性工作

最后冲刺套题(六)

一、单项选择题(共60题,每题1分。每题的备选项中,只有1个最符合题意)

1. 关于动机的说法,错误的是( )。
   A. 动机是指人们从事某种活动,为某一目标付出努力的意愿
   B. 动机水平越高,表明个人的动机越强
   C. 动机可以分为内源性动机和外源性动机
   D. 内源性动机强的员工更看重工资和奖金

2. 人们之所以采取某种行为,努力工作,是因为他觉得这种行为在一定概率上达到某种结果,并且这种结果可以带来他认为重要的报酬,这是( )。
   A. 期望理论   B. 公平理论
   C. 强化理论   D. 双因素理论

3. 公平理论认为,员工会将自己的产出与投入比与别人的产出与投入比进行比较。这里的"产出"是指( )。
   A. 工作经验   B. 工作报酬
   C. 工作绩效   D. 工作承诺

4. 关于魅力型领导理论的说法,错误的是( )。
   A. 魅力型领导可以促使追随者产生高于期望的绩效以及强烈的归属感
   B. 当追随者的自我意识和自我管理水平较高时,魅力型领导的效果会得到进一步的强化
   C. 魅力是一种特质,具有这种特质的人在各种情境下都能表现出魅力型的领导风格
   D. 魅力型领导者也具有非道德特征

5. 权变理论强调的情境性因素不包括( )。
   A. 领导与下属的关系   B. 领导风格
   C. 工作结构   D. 职权

6. 决策者具有较高的模糊耐受性,并且倾向于对任务和技术的关注,这种决策风格是( )。
   A. 概念型   B. 分析型
   C. 指导型   D. 行为型

7. 组织文化的核心和灵魂体现在它的( )。
   A. 物质层   B. 中间层
   C. 制度层   D. 精神层

8. 企业是否愿意对人力资源进行投资主要取决于( )。
   A. 企业组织结构的形式   B. 员工的职业兴趣
   C. 员工技能的性质   D. 员工薪酬的水平

9. 组织设计是指对组织结构及其( )所进行的设计。
   A. 战略目标   B. 运行方式

B. 大型组织通常会设置专门的培训与开发部门

C. 效果评估是培训与开发体系中比较容易实施的一个环节

D. 培训与开发效果评估方法包括控制实验法和问卷调查法

33. 机关工人年度考核合格及以上的,一般每( )年可在对应的岗位工资标准内晋升一个工资档次。

A. 一 B. 二
C. 三 D. 四

34. 公务员的培训对象是( )。

A. 全体公务员 B. 县处级以上公务员领导
C. 乡科级领导公务员 D. 新入职公务员

35. 劳动关系系统理论中,( )的投入是劳动关系系统存在的社会条件。

A. 劳动者与工会 B. 雇主与雇主组织
C. 政治和社会环境 D. 国际关系

36. 激励科技人员创新创业,以技术转让或者许可方式转化职务科技成果的,应当从技术转让或者许可所取得的净收入中提取不低于( )的比例用于奖励职务科技成果完成人和为成果转化做出重要贡献的其他人员。

A. 30% B. 40%
C. 50% D. 60%

37. 2019年某县总人口为40万人,其中16岁以下人口为10万人,就业人口20万人,失业人口4万人,则该县2019年的劳动力参与率为( )。

A. 50% B. 60%
C. 75% D. 80%

38. 一个国家或地区劳动力供给数量的最重要基础是( )。

A. 人口总量 B. 劳动者的受教育水平
C. 劳动者的工作时间 D. 劳动力参与率

39. 某市对汽车生产工人的劳动力需求是单位弹性的,该市企业目前雇用的汽车生产工人总人数为25 000人,工人的市场工资率是25元/小时,如果工资率上升为30元/小时,则该市企业愿意雇用的汽车生产工人总人数将变成( )人。

A. 15 000 B. 20 000
C. 25 000 D. 30 000

40. 如果在沿海地区就业的大量内地农村劳动力返还家乡,而沿海地区的劳动力需求没有发生变化,则此时沿海地区的劳动力市场状况会表现为( )。

A. 均衡工资率上升,均衡就业量下降
B. 均衡工资率下降,均衡就业量上升
C. 均衡工资率和均衡就业量均下降
D. 均衡工资率和均衡就业量均上升

41. 企业在制定自己的工资政策、确定企业工资水平时,必须要对( )有正确的了解。

A. 货币工资 B. 实际工资
C. 物价指数 D. 恩格尔系数

42. 自然失业率在( ),并不影响充分就业的实现。

A. 1%~2% B. 2%~4%
C. 4%~6% D. 3%~5%

43. 关于就业者、失业者以及非劳动力三种存量之间存在的流动方向,描述错误的是(   )。
   A. 就业者很可能因为被解雇,又没有马上找到工作而变成失业者
   B. 失业者也可能因为找到工作或重新找到工作而变成就业者
   C. 非劳动力会在某个时点上到劳动力市场上开始供给自己的劳动力
   D. 就业者由于退休等原因而决定退出劳动力市场,则他们就从就业者变成失业者

44. 在我国很多企业、事业单位中依然存在基于身份的用工制度,正式员工和合同员工(或外聘员工或派遣员工)即使从事同样的工作,所得的工资福利水平以及其他方面的待遇也存在很大的差距,这些属于(   )。
   A. 雇主歧视 B. 竞争性歧视
   C. 非竞争性歧视 D. 统计性歧视

45. 摩擦性失业是由(   )产生的。
   A. 劳动力市场的动态属性和信息的不完善性
   B. 劳动力市场的静态属性和信息的不完善性
   C. 劳动力市场的动态属性和信息的不准确性
   D. 劳动力市场的静态属性和信息的不准确性

46. 关于在职培训与企业行为和员工行为的说法,正确的是(   )。
   A. 在职培训对于企业行为和员工行为没有影响
   B. 在职培训对企业行为有影响,但是对员工个人的行为没有影响
   C. 在职培训中包含的特殊培训内容有助于抑制员工的离职倾向
   D. 在职培训中包含的一般培训内容有助于抑制员工的离职倾向

47. 在其他条件一定的情况下,一个人在大学毕业以后工作的时间越长,则其进行高等教育投资的(   )越高。
   A. 直接成本 B. 间接成本
   C. 总收益 D. 总成本

48. 关于教育投资的说法,错误的是(   )。
   A. 教育投资有助于提高劳动生产率
   B. 教育投资的全部收益应当归投资者个人所有
   C. 教育投资会带来国民收入和社会财富的增长
   D. 教育投资的主体包括国家、劳动者个人及其家庭等多个方面

49. 劳动力流动的影响因素中,从实际上决定了企业员工到其他组织寻找工作的便利性及其成本高低的是(   )。
   A. 企业规模 B. 企业所处的地理位置
   C. 企业的组织文化 D. 企业的领导风格

50. 下列选项中,属于社会保险法律关系变更的是(   )。
   A. 投保人破产,不再为被保险人继续投保
   B. 劳动者死亡,用人单位不再为其投保
   C. 某职工失业,领取24个月失业保险后,依法停止继续领取
   D. 劳动者变换工作单位,个人账户养老保险金缴纳主体发生变化

B. 绩效管理是绩效考核的一个环节
C. 绩效管理侧重于信息的沟通和绩效的提高
D. 绩效考核侧重于信息的沟通和绩效的提高
E. 绩效考核是绩效管理中的一个环节

69. 股票期权行权所需股票来源包括(　　)。
   A. 公司发行新股票　　　　　　　　B. 从发行市场购买股票
   C. 通过留存股票账户回购股票　　　D. 从二级市场购买股票
   E. 股东自愿赠予

70. 关于霍兰德的职业兴趣类型理论的表述正确的有(　　)。
   A. 企业型的人喜欢和人互动，自信，有支配能力
   B. 六种职业兴趣类型标注在六角形上，离得越近的类型，拥有越多的相同之处
   C. 现实型与常规型和研究型的相邻，与艺术型的对立
   D. 社会型的人善于和人相处，喜欢教导
   E. 职业兴趣是指个体对某种活动或某种职业的喜好

71. 管理人员在岗期间专业科目培训由主管部门负责，统一组织或者委托专门培训机构组织，或者授权事业单位按规定组织，一般采取(　　)方式进行。
   A. 脱产培训　　　　　　　　　　　B. 在职自学
   C. 网络培训　　　　　　　　　　　D. 终身培训
   E. 集体学习

72. 下列属于劳动争议调解委员会调解员职责的有(　　)。
   A. 关注本企业劳动关系状况
   B. 协助企业建立劳动争议预防预警机制
   C. 监督和解协议、调解协议的履行
   D. 接受企业劳动争议调解委员会指派，调解劳动争议案件
   E. 参与研究涉及劳动者切身利益的重大方案

73. 劳动力需求自身工资弹性的情况主要有(　　)。
   A. 缺乏弹性　　　　　　　　　　　B. 富有弹性
   C. 无限弹性　　　　　　　　　　　D. 单位弹性
   E. 无弹性

74. 从歧视产生的根源的角度来看，经济学家提出的可能的劳动力市场歧视来源有(　　)。
   A. 工资歧视　　　　　　　　　　　B. 个人歧视
   C. 统计性歧视　　　　　　　　　　D. 职业歧视
   E. 非竞争性歧视

75. 现代经济学家对职业间工资差别的研究主要反映在(　　)。
   A. 激励性工资差别　　　　　　　　B. 补偿性工资差别
   C. 竞争性工资差别　　　　　　　　D. 垄断性工资差别
   E. 报酬性工资差别

76. 在其他条件相同的情况下，若(　　)，则进行人力资本投资的合理性越强。
   A. 人力资本投资后获得收益的时间越长
   B. 人力资本投资的成本越低

C. 人力资本投资后收入增加值越大

D. 人力资本投资完成后获得收益的风险越高

E. 人力资本投资的机会成本越高

77. 关于上大学的合理年限决策，下列说法正确的有(　　)。

　　A. 对于任何人来说，能够达到效用最大化的高等教育投资数量都是在边际收益大于边际成本的那个点上取得的

　　B. 对于不同的人来说，上大学的边际成本不可能是完全相同的

　　C. 在边际收益一定的情况下，边际成本较高的人愿意上大学的年限会更少一些

　　D. 对于学习特别费劲的学生来说，他们完成高等教育所付出的边际成本实际上会更高一些

　　E. 多上一年大学的边际收益会因人而异

78. 下列情形中，不应当被认定为工伤的有(　　)。

　　A. 职工因公外出期间，由于工作原因受到伤害的

　　B. 职工下班后在工作场所从事收尾性工作受到事故伤害的

　　C. 职工在上班途中受到暴力伤害的

　　D. 职工在工作时间内因私外出发生交通事故受到伤害的

　　E. 职工患职业病的

79. 下列情形不影响劳动合同履行的有(　　)。

　　A. 变更名称　　　　　　　　　　B. 变更法定代表人

　　C. 变更主要负责人　　　　　　　D. 用人单位合并或者分立

　　E. 劳动者不能胜任工作被辞退

80. 劳动监察的属性包括(　　)。

　　A. 法定性　　　　　　　　　　　B. 强制性

　　C. 行政性　　　　　　　　　　　D. 专门性

　　E. 监督性

三、案例分析题(共20题，每题2分。由单选和多选组成。错选，本题不得分；少选，所选的每个选项得0.5分)

(一)

老赵是一位技术经验丰富的工程师，在技术科，每一位科员都认为老赵的工作相当出色。不久前，原来的科长调到另一个厂去当技术副厂长了，老赵被任命为技术科科长。老赵上任后，下定决心要把技术科搞好。在头一个月内，全科室的人都领教了老赵的"新官上任三把火"。小张由于汽车出毛病，迟到了三分钟，老赵当众狠狠地批评了他一顿，并说"技术科不需要没有时间概念的人"。老李由于忙着接待外宾，一项技术改革提案晚交了一天，老赵又大发雷霆。老赵需要一份技术资料，小林加班三个晚上替他赶了出来，老赵连一句表扬话也没有。一年过去了，厂领导发现技术科似乎出问题了，科室里缺乏团结和谐的气氛，缺勤的人很多，不少人要求调动工作，许多技术工作都应付不过来了。

81. 按照豪斯的路径—目标理论，老赵的领导行为属于(　　)。

　　A. 指导式领导　　　　　　　　　B. 支持式领导

　　C. 参与式领导　　　　　　　　　D. 成就取向式领导

96. 很多员工不会因为其他企业提供的工资高就从本单位辞职，出现这种现象的原因是(   )。
    A. 劳动力流动是有成本的
    B. 劳动者对工资水平方面的差别不是很敏感
    C. 劳动力流动可能会使劳动者在原单位掌握的部分技能失效
    D. 劳动力流动有可能导致劳动者在原单位积累的部分经济收益和非经济收益遭受损失

(五)

上个月，小赵被公司解除了劳动合同，成为失业人员，偏偏他又生病住了院，医疗费用不断增加，小赵犯了愁。同病房的老王对小赵说，现在失业人员不用缴纳医疗保险费，同样可以享受医疗保险待遇。小赵将信将疑，但他想起办理解除劳动合同手续时，公司人力资源部的小王曾告诉他，他可以去社会保险经办机构申请领取失业保险金。小赵担心，因为他没有及时提出申请，可能已经不能享受失业保险待遇了。小赵于是向医生请假，赶紧跑到社会保险经办机构问个究竟。

97. 小赵如申请领取失业保险金，应当(   )。
    A. 持公司出具的解除劳动合同的证明，先到公共就业服务机构办理失业登记
    B. 直接到社会保险经办机构办理领取失业保险金的手续
    C. 由原公司到社会保险经办机构为其办理领取失业保险金的手续
    D. 自被解除劳动合同之日起15日内到社会保险经办机构报到

98. 失业人员在领取失业保险金期间，参加(   )，享受基本医疗保险待遇。
    A. 城镇居民医疗保险   B. 职工基本医疗保险
    C. 新型农村合作医疗保险   D. 除失业保险外的其他社会保险

99. 关于领取失业保险金的条件的说法，正确的是(   )。
    A. 劳动者失业前，其本人和所在用人单位必须缴纳失业保险费满十五年，是申请领取失业保险金的条件之一
    B. 劳动者失业后不能重新就业，是申请领取失业保险金的条件之一
    C. 劳动者失业后生活困难，是申请领取失业保险金的条件之一
    D. 劳动者非因本人意愿中断就业，是申请领取失业保险金的条件之一

100. 失业保险金领取期限自(   )之日起计算。
     A. 解除劳动合同   B. 申请领取失业保险金
     C. 办理失业登记   D. 用人单位出具解除劳动关系的证明

最后冲刺套题(七)

一、单项选择题(共60题,每题1分。每题的备选项中,只有1个最符合题意)

1. 动机是指人们从事某种活动、为某一目标付出努力的意愿,这种意愿取决于目标能否以及在多大程度上能够(   )。
   A. 符合人的兴趣   B. 满足人的需要
   C. 激励人的行为   D. 改进人的绩效

2. 关于麦克里兰三重需要理论的说法,错误的是(   )。
   A. 管理上过分强调良好关系的维持通常会干扰正常的工作程序
   B. 成就需要高的人常常勇于挑战自我,选择高风险的目标
   C. 成就需要高的人通常只关心自己的工作业绩,但不一定能使别人干得出色,所以并不一定能成为一名优秀的管理者
   D. 权利需要高的人喜欢竞争,希望通过出色的成绩来匹配他们渴望的地位

3. 根据路径—目标理论,如果下属的工作是结构化的,可以带来高绩效和高满意度的领导是(   )。
   A. 指导式领导   B. 支持型领导
   C. 参与式领导   D. 成就取向式领导

4. 费德勒的权变理论认为,领导者与情境因素之间是否搭配,对团队绩效有着重要的影响。在费德勒提出的情境因素中不包括(   )。
   A. 领导与下属的关系   B. 工作结构
   C. 职权   D. 工作环境

5. 在组织结构体系中,"完成企业目标所需的各项业务工作,及其比例和关系"指的是(   )。
   A. 职权结构   B. 横向结构
   C. 纵向结构   D. 职能结构

6. "可以租用,何必拥有"反映的是(   )组织形式的实质。
   A. 事业部制   B. 团队
   C. 无边界   D. 虚拟

7. 人力资源战略属于(   )战略。
   A. 组织   B. 公司
   C. 竞争   D. 职能

8. 下列关于组织文化结构的说法错误的是(   )。
   A. 物质层是组织文化的外在表现,是制度层和精神层的物质基础
   B. 制度层制约和规范着物质层及精神层的建设
   C. 精神层是形成物质层及制度层的思想基础,是组织文化的核心和灵魂
   D. 组织文化中有没有制度层是衡量一个组织是否形成了自己的组织文化的主要标志和标准

C. 长期奖励 D. 福利津贴

29. 关于培训与开发评估方法中控制实验法的说法，错误的是( )。
    A. 它是一种最规范的培训与开发效果评估方法
    B. 它可以提高培训与开发评估的准确性和有效性
    C. 它操作起来比较复杂，且费用比较高
    D. 它适用于管理技能培训与开发项目

30. 职业生涯发展阶段中"建立期"对应的身份是( )。
    A. 学徒 B. 同事
    C. 导师 D. 顾问

31. 在劳动关系主体中，( )是社会生产过程的组织协调者。
    A. 劳动者 B. 工会
    C. 政府 D. 用人单位

32. ( )是我国唯一合法的工会组织。
    A. 企业工会 B. 职业工会
    C. 中华全国总工会 D. 产业工会

33. 下列选项属于劳动关系系统运行的基本目标是( )。
    A. 良性运行和谐发展 B. 中性运行常态发展
    C. 平稳运行畸形发展 D. 恶性运行畸形发展

34. 城乡居民养老保险制度中，年满( )，非国家机关和事业单位工作人员及不属于职工基本养老保险制度覆盖范围的城乡居民，可以在户籍地参加城乡居民养老保险。
    A. 18 周岁 B. 16 周岁
    C. 12 周岁 D. 10 周岁

35. 城乡居民养老保险基金中，地方人民政府应当对参保人缴费给予补贴，对选择最低档次标准缴费的，补贴标准不低于每人每年( )。
    A. 20 元 B. 30 元
    C. 50 元 D. 60 元

36. 人力资源市场建设中，( )是指依法设立的从事人力资源服务经营活动的机构。
    A. 公共人力资源服务机构 B. 服务性人力资源服务机构
    C. 经营性人力资源服务机构 D. 盈利性人力资源服务机构

37. 政府规范与调控企业工资分配的标准线称为( )。
    A. 工资指导线 B. 工效挂钩比例
    C. 最低工资指导线 D. 社会平均工资线

38. 潜在的劳动力人口指的是( )。
    A. 16 岁以上的总人口 B. 16 岁以上的经济活动人口
    C. 18 岁以上的就业人口 D. 18 岁以上的实际劳动力人口

39. 在一个以工作小时数为横轴，工资率为纵轴的坐标系中，个人劳动力供给曲线的形状为( )。
    A. 平行于横轴的一条直线
    B. 垂直于横轴的一条直线
    C. 自左下方向右上方倾斜的一条直线

D. 一条向后弯曲的曲线

40. 在经济衰退时期，一些失业工人对于在某一可行的工资率水平下找到工作变得非常悲观，因而停止寻找工作，这种现象被称为（　　）。
   A. 附加的劳动者效应　　　　　　　　B. 收入效应
   C. 替代效应　　　　　　　　　　　　D. 灰心丧气的劳动者效应

41. 关于晋升竞赛的说法，错误的是（　　）。
   A. 晋升竞赛是在存在内部劳动力市场的情况下采取的一种员工激励方式
   B. 晋升竞赛的失败者将不会因为参加竞赛而得到任何报酬
   C. 晋升竞赛不应对企业的利益造成损害
   D. 更高一级的职位通常是晋升竞赛后设计的

42. 关于效率工资的说法，正确的是（　　）。
   A. 效率工资是指法定最低工资
   B. 效率工资是企业自愿提供的高于市场均衡水平的工资
   C. 效率工资降低了企业的竞争力
   D. 效率工资是工会通过与企业进行集体谈判确定的工资

43. 在知识技能上无质的差别的劳动者，因从事职业的工作条件和社会环境的不同而产生的工资差别是（　　）。
   A. 岗位性工资差别　　　　　　　　　B. 补偿性工资差别
   C. 垄断性工资差别　　　　　　　　　D. 竞争性工资差别

44. 关于职业歧视，下列说法中错误的是（　　）。
   A. 在现实中，难以衡量有多少是由职业歧视导致的工资差别
   B. 如果男女劳动力在各种职业中的分布是完全相同的，差异指数为负数
   C. 衡量职业隔离的指标是差异指数
   D. 如果所有职业都是完全隔离的，差异指数为100

45. 关于我国在就业和失业方面规定的说法，错误的是（　　）。
   A. 虽然从事一定社会劳动，但劳动报酬低于当地城市居民最低生活保障标准的情况视同失业
   B. 超出法定劳动年龄的劳动者外出找工作，但没找到的情况，不属于失业
   C. 16周岁以上各类学校毕业或肄业的学生，初次寻找工作但未找到，不属于失业人员
   D. 劳动者获得的劳动报酬达到和超过当地最低工资标准的，属于充分就业

46. 因衰落部门的失业者与扩展部门的工作要求不相符合，或现有的职位空缺同失业者在地理位置上失调而造成的失业称为（　　）。
   A. 结构性失业　　　　　　　　　　　B. 季节形失业
   C. 周期性失业　　　　　　　　　　　D. 摩擦性失业

47. 一个国家的资本在一定程度上包括社会全体成员的能力。该观点的提出者是（　　）。
   A. 西奥多·舒尔茨　　　　　　　　　B. 大卫·贝尔
   C. 亚当·斯密　　　　　　　　　　　D. 加利·贝克尔

48. 如果要想使投资有利可图，那么可以承受的最高贴现率是多少，这是（　　）回答的一个问题。
   A. 内部收益率法　　　　　　　　　　B. 现值法

A. 履历信息必须真实 B. 履历信息必须全面
C. 履历信息必须简单 D. 履历信息必须及时
E. 履行信息必须相关

67. 平衡计分卡法关注组织绩效的角度包括(　　)。
A. 财务角度 B. 客户角度
C. 内部流程角度 D. 竞争对手角度
E. 学习与发展角度

68. 关于薪酬管理的陈述，正确的有(　　)。
A. 企业现状及未来战略目标是进行薪酬决策的前提
B. 战略性薪酬管理的核心是企业应根据不同战略做出薪酬决策
C. 全面薪酬管理以成本控制为中心
D. 薪酬调查是构建薪酬体系的第一步
E. 薪酬管理要服务于企业人力资源管理的总体战略

69. 在对培训与开发效果进行评估时，属于结果评估指标中的硬指标是(　　)。
A. 质量 B. 产出
C. 工作习惯 D. 成本
E. 时间

70. 下列属于劳动基本权的有(　　)。
A. 团结权 B. 集体谈判权
C. 集体行动权 D. 集体保障权
E. 集体安全权

71. 经营性人力资源服务机构应当在服务场所明示(　　)，并接受人力资源社会保障行政部门和市场监督管理、价格等主管部门的监督检查。
A. 人员信息 B. 营业执照
C. 服务项目 D. 收费标准
E. 监督机关和监督电话

72. 关于家庭生产理论的说法，正确的有(　　)。
A. 家庭生产理论认为劳动力供给决策的主体是家庭而不是单个的劳动者
B. 家庭生产理论将家庭物品视为家庭的直接效用来源
C. 家庭生产理论认为家庭会根据比较优势原理来决定家庭成员的时间利用方式
D. 家庭生产理论认为一个家庭需要做出的重要决策之一是，家庭成员需要将多少时间用于市场工作，多少时间用于家庭生产
E. 家庭生产理论是一种劳动力需求理论

73. 为提高就业水平可以采取扩张性的财政政策，具体手段包括(　　)。
A. 提高税率 B. 增加转移支付
C. 降低利率 D. 扩大财政支出
E. 降低财政支出

74. 在其他条件相同的情况下，使高等教育投资的价值变得越高的情形包括(　　)。
A. 上大学的心理成本越低
B. 大学毕业生比高中毕业生的工资性报酬高出越多

C. 上大学期间的劳动力市场工资水平越高
D. 上大学的学费越低
E. 大学毕业后工作的年限越长

75. 摩擦性失业产生的原因包括( )。
    A. 劳动力市场的静态属性   B. 劳动力市场的动态属性
    C. 信息不完善性   D. 地理状况差异
    E. 经济周期波动

76. 社会保险法律适用根据主体的不同，可分为( )。
    A. 仲裁   B. 调解
    C. 解释   D. 行政适用
    E. 司法适用

77. 关于用人单位义务的说法，正确的有( )。
    A. 用人单位安排劳动者加班应当向劳动者支付餐费
    B. 用人单位应当保护劳动者的安全和身体健康
    C. 用人单位应当按照劳动合同的约定和国家规定，向劳动者及时支付劳动报酬
    D. 用人单位应当严格执行劳动定额标准
    E. 用人单位应当按照劳动者的要求提供劳动条件和劳动用具

78. 李某与用人单位发生争议，在人民调解委员会主持下达成了调解协议。如用人单位不履行该调解协议，李某可以就( )事项向人民法院申请支付令。
    A. 支付经济补偿金   B. 支付拖欠劳动报酬
    C. 承租单位宿舍   D. 支付工伤医疗费
    E. 补签书面劳动合同

79. 养老金社会化发放的方式有( )。
    A. 委托银行发放   B. 通过邮局寄发
    C. 依托社区发放   D. 设立派出机构发放
    E. 企业发放

80. 用人单位应当承担违反劳动法律责任的情形，包括( )。
    A. 用人单位扣押劳动者身份证
    B. 劳动者依法解除劳动合同后，用人单位扣押劳动者档案
    C. 劳动者因参加工会活动而被解除劳动合同
    D. 用人单位未对未成年工定期进行健康检查
    E. 用人单位与劳动者订立劳动合同未约定试用期

三、案例分析题(共20题，每题2分。由单选和多选组成。错选，本题不得分；少选，所选的每个选项得0.5分)

(一)

某公司刚成立时，员工的薪酬基本上是按照职务、技术职称和工龄等来确定的，员工的工资差别不大，所以干多干少一个样，单位的效率不高。随着公司的发展，由于公司要直接面对激烈的市场竞争，所以公司的领导层决定打破传统的薪酬体制，实行绩效薪金制，薪酬改制两年后，该公司的产值翻了两番，员工的收入也大大增加，大家觉得比以前更满足了。

优越的大学生在校期间学习成绩很一般甚至很差,借助父母的关系找到了工资水平较高的工作,而有些很优秀的大学生在刚毕业时工资水平却不高。第二,受美国金融危机的影响,国内很多企业开始降薪甚至裁员,一些在职人员选择回到学校全职攻读硕士或博士学位。第三,本科毕业直接就业的学生比例有所下降,希望读研究生的学生比例有所上升。

97. 关于大学生在大学期间的花费说法,正确的是(   )。
    A. 家境好的学生比家境差的学生上大学的直接成本更高
    B. 上大学的直接成本主要体现在学费及与学习直接有关的其他费用方面
    C. 在大学期间的奢侈性消费不属于上大学的直接成本
    D. 在大学期间的奢侈性消费属于上大学的机会成本

98. 一些成绩较差但家庭条件优越的大学生反而能通过关系找到工资更高的工作,关于这一现象的分析,正确的是(   )。
    A. 这些大学生比刚毕业时工资较低的其他同学上大学的总收益要高
    B. 这些大学生毕业后获得的较高的工资与他们是否上大学无关
    C. 上大学的成绩好坏与未来可以获得的工资性报酬之间是没有关系的
    D. 上大学的总收益并不仅仅取决于刚开始工作时的工资水平

99. 关于在职人员回到学校攻读硕士或博士学位的说法,正确的是(   )。
    A. 在经济不景气时期进行人力资本投资的机会成本比较低
    B. 在职人员全职攻读研究生学位的机会成本高于没工作过的年轻学生
    C. 在经济不景气时期攻读学位的直接成本比较低
    D. 在经济不景气时期攻读学位不属于人力资本投资活动

100. 促使本科毕业生继续攻读硕士学位而不是马上就业的情形包括(   )。
    A. 毕业研究生和本科生之间的工资差距扩大
    B. 政府提高了研究生在校期间的助学金水平
    C. 研究生找到好工作的机会大大超过本科生
    D. 本科生的就业形势非常好

最后冲刺套题(八)

一、单项选择题(共60题,每题1分。每题的备选项中,只有1个最符合题意)

1. 员工的能力与天赋的发挥在很大程度上取决于其(　　)水平的高低。
   A. 需要　　　　　　　　　　　B. 动机
   C. 激励　　　　　　　　　　　D. 努力

2. 下列关于需要的概念表述正确的是(　　)。
   A. 人们从事某种活动、为某一目标付出努力的意愿
   B. 对食物、水、空气等的物质需要
   C. 对归属、爱等的社会需要
   D. 当缺乏或期待某种结果而产生的心理状态,包括对物质的需要和对社会的需要

3. (　　)理论认为,团体中领导者与下属在确立关系和角色的早期,就把下属分出"圈里人"和"圈外人"的类别。
   A. 特质理论　　　　　　　　　　B. 路径—目标理论
   C. 权变理论　　　　　　　　　　D. 领导—成员交换理论

4. 具有某些特质的领导可能适合管理某些下属,但不适合管理另一些下属,这反映了特质理论(　　)。
   A. 忽视了下属的需要　　　　　　B. 没有区分原因和结果
   C. 忽视了情境因素　　　　　　　D. 没有指明各种特质之间的相对重要性

5. 在组织结构的特征因素中,能够反映组织各职能部门间工作分工精细程度的是(　　)。
   A. 制度化　　　　　　　　　　　B. 规范化
   C. 职业化　　　　　　　　　　　D. 专业化

6. 员工以同种方式完成相似工作的程度是指(　　)。
   A. 制度化　　　　　　　　　　　B. 规范化
   C. 专业化　　　　　　　　　　　D. 集权度

7. 在战略管理过程模型中,从战略制定到战略执行过程中必须要完成的一个中间环节是(　　)。
   A. 确定组织的使命和目标　　　　B. SWOT分析
   C. 衡量企业绩效　　　　　　　　D. 确定组织的人力资源需要

8. 描述一个组织存在的理由、目的和意义的是组织的(　　)。
   A. 使命　　　　　　　　　　　　B. 愿景
   C. 价值观　　　　　　　　　　　D. 长期目标

9. 一个组织的战略规划过程通常发生在(　　),一般是由一个战略规划小组决定的。
   A. 股东大会　　　　　　　　　　B. 董事会
   C. 高层　　　　　　　　　　　　D. 中间层

10. 组织进行人力资源管理职能选择的主要领域不包括(　　)。

C. 要素计点法　　　　　　　　　　D. 因素比较法

28. 中国证监会发布的《指导意见》规定,员工持股计划的基本原则不包括(　　)。
   A. 依法合规原则　　　　　　　　B. 风险共担原则
   C. 风险自担原则　　　　　　　　D. 自愿参与原则

29. (　　)主要用于专业人员、管理人员、技术人员提升的可能性评价。
   A. 内部劳动力市场信息　　　　　B. 潜能评价中心
   C. 培训与发展项目　　　　　　　D. 职业生涯手册

30. 关于管理能力型职业生涯锚的说法,错误的是(　　)。
   A. 它追求一般性的管理工作,且责任越大越好
   B. 它强调实际技术/职能等业务工作
   C. 它具有强烈的升迁动机
   D. 它具有分析能力、人际沟通能力和情绪控制能力的强强组合特点

31. 下列不属于劳动关系主体权益保护原则的是(　　)。
   A. 全面保护　　　　　　　　　　B. 平等保护
   C. 优先保护　　　　　　　　　　D. 一般保护

32. 下列属于设立工会的主要目标的是(　　)。
   A. 维护劳动者劳动条件　　　　　B. 改善劳动者生活条件
   C. 为工会成员争取利益和价值　　D. 解决劳动纠纷

33. (　　)是用人单位依法制定并在本单位实施的组织劳动过程和进行劳动管理的规则和制度的总和。
   A. 劳动合同制度　　　　　　　　B. 集体合同制度
   C. 劳动规章制度　　　　　　　　D. 职工民主管理制度

34. 稳定战略的企业的薪酬结构(　　)。
   A. 短期内提供相对低的基本薪酬
   B. 基本薪酬和福利所占的比重较大
   C. 长期内会有很大的增长
   D. 基本薪酬所占的比例相对较低

35. 高等教育的信号模型认为(　　)。
   A. 企业利用大学文凭对求职者进行筛选是没有意义的
   B. 即使没有高等教育投资信号,企业也能判断出求职者的实际生产率
   C. 高等教育投资是证明劳动者具有高生产率的信号
   D. 从社会角度来说,高等教育投资是没有意义的

36. 公务员的领导成员按照国家规定实行(　　)。
   A. 选任制　　　　　　　　　　　B. 委任制
   C. 聘任制　　　　　　　　　　　D. 任期制

37. 对于员工申诉要预防和及时处理,体现了员工申诉管理的(　　)。
   A. 合法原则　　　　　　　　　　B. 保密原则
   C. 明晰原则　　　　　　　　　　D. 及时原则

38. 在市场经济条件下,对劳动力这种生产性资源进行有效配置的根本手段是(　　)。
   A. 政府　　　　　　　　　　　　B. 企业

C. 劳动力市场 D. 政府和劳动力市场

39. 根据劳动力的派生需求定理,下列说法错误的是( )。
   A. 产品需求弹性越大,生产产品的劳动力的需求的自身工资弹性越大
   B. 其他生产要素对劳动力替代越容易,劳动力需求的自身工资弹性就越高
   C. 其他生产要素的供给弹性越大,劳动力需求的自身工资弹性就越大
   D. 劳动力成本在总成本中占的比重越大,劳动力需求的自身工资弹性越小

40. 某地区软件开发人员的劳动力市场目前处于均衡状态,且在未来几年中,软件开发行业的劳动力需求不会出现太大变化,但是在前些年"计算机热"中报考计算机专业的大批大学毕业生即将进入该地区劳动力市场,这种情况可能导致该地区软件开发人员( )。
   A. 工资率有所下降,就业量会有所上升
   B. 工资率会有所上升,就业量会有所下降
   C. 工资率和就业量均上升
   D. 工资率和就业量均下降

41. 如果某城市清洁工的小时工资率为15元,清洁工的劳动力总供给时间为1 000小时,当小时工资率提高到20元之后,该市清洁工的劳动力总供给时间上升到1 500小时,则该市的劳动力供给弹性为( )。
   A. 0.33 B. 0.5
   C. 1.5 D. 1

42. 在经济周期中,有助于降低失业率的是( )。
   A. 附加的劳动者效应 B. 灰心丧气的劳动者效应
   C. 收入效应 D. 替代效应

43. 同工同酬原则要求,对( )的劳动者支付同等水平的工资。
   A. 工作年限相同 B. 完成同等价值工作
   C. 具有相同人力资本 D. 具有相同工龄

44. 企业常常会利用不同劳动者的历史绩效水平,来预测求职者的未来生产率,这种做法很容易产生( )歧视。
   A. 统计性 B. 雇主
   C. 工资 D. 职业

45. 在我国从1995年起开始实施的新的就业调查统计的实际操作中,判断不充分就业人员的标准不包括( )。
   A. 调查周内工作时间不到20小时 B. 工作时间短并非个人原因
   C. 劳动报酬达到最低工资标准 D. 愿意从事更多的工作

46. 在其他条件相同的情况下,会导致失业率上升的情形是( )。
   A. 就业者因退休而退出劳动力市场的人数增加
   B. 找到工作的失业者人数迅速上升
   C. 绝大部分应届大中专毕业生都找到工作
   D. 一部分长时间找不到工作的失业者决定放弃寻找工作

47. 通过使收益现值与成本相等来求出利率或贴现率的值,然后再将这种收益率去与其他投资的报酬率(如银行利率等)加以比较。如果最高贴现率大于其他投资的报酬率,则

E. 绩效管理体系的目标导向性很强

65. 事实上在人力资源供求的数量大体平衡的情况下，却存在供求结构不一致的问题，在这种供求结构不对等的情况下，组织需要采取的措施包括(　　)。
   A. 在可能的情况下，加强对现有人员的培训开发
   B. 通过自然退休的方式让现有的一些员工离开组织
   C. 从组织外部招聘高素质的新员工
   D. 将原来的一些技能不足的老员工逐渐替换到一些辅助性的工作岗位上
   E. 缩短每位现有员工的工作时间，采用工作分享的方式同时降低工资

66. 无领导小组讨论中使用的试题主要有(　　)。
   A. 开放式问题　　　　　　　　　　B. 封闭式问题
   C. 两难性问题　　　　　　　　　　D. 多项选择问题
   E. 资源争夺性问题

67. 对绩效改进效果进行评价的维度包括(　　)。
   A. 员工对绩效改进结果的反应　　　B. 员工能力素质的提升程度
   C. 员工个人心态调整的程度　　　　D. 改进活动对工作方式的影响
   E. 改进活动对工作方式的影响

68. 股票期权作为股权激励模式的缺点有(　　)。
   A. 过分依赖股票市场有效性　　　　B. 现金流压力较大
   C. 业绩目标或股价的科学确定较困难　D. 可能带来大量经理人的短期行为
   E. 公司股本变化，原股东的股权可能被稀释

69. 下列职业生涯管理方法中，属于组织层次的方法有(　　)。
   A. 提供内部劳动力市场信息　　　　B. 给个人提供自我评估工具和机会
   C. 成立潜能评价中心　　　　　　　D. 实施培训与发展项目
   E. 提供个人职业生涯指导与咨询

70. 下列属于劳动者个人权利的有(　　)。
   A. 劳动指挥权　　　　　　　　　　B. 休息休假权
   C. 工资报酬权　　　　　　　　　　D. 劳动就业权
   E. 组织权

71. 公务员培训主要分为(　　)。
   A. 出任培训　　　　　　　　　　　B. 任职培训
   C. 专门业务培训　　　　　　　　　D. 在职培训
   E. 继任培训

72. 劳动力市场具有的特征包括(　　)。
   A. 劳动力市场的确定性　　　　　　B. 劳动力市场的多样性
   C. 交易对象的难以衡量性　　　　　D. 交易条件的复杂性
   E. 劳动力出售者地位的不利性

73. 下列需求属于派生需求的是(　　)。
   A. 对劳动力的需求　　　　　　　　B. 对资本的需求
   C. 对机器设备的需求　　　　　　　D. 对食物的需求
   E. 对衣服的需求

74. 男性与女性之间工资性报酬差距形成的原因包括（　　）。
   A. 年龄
   B. 身高
   C. 职业
   D. 工时和工作经验
   E. 受教育程度

75. 教育不仅能够产生较高的私人收益率，还能够产生整个社会效益包括（　　）。
   A. 直接导致国民收入水平的提高和社会财富的增长，从而提高整个国家和社会的福利
   B. 有助于增加失业率
   C. 父母的受教育水平不会影响下一代的受教育情况
   D. 较高的教育水平有助于提高政策决策过程的质量和决策效率
   E. 有助于提高社会的道德水平和信用水平

76. 下列选项中属于社会保险法律关系客体的有（　　）。
   A. 承担缴纳社会保险的义务
   B. 就业服务项目
   C. 医疗保险中的医疗津贴
   D. 医疗服务
   E. 失业保险中的失业保险金

77. 关于劳务派遣的说法，正确的有（　　）。
   A. 劳务派遣单位属于劳动合同法调整的用人单位
   B. 劳务派遣单位与同一被派遣劳动者每派遣一次可以约定一次试用期
   C. 用人单位可以合资设立劳务派遣单位向本单位派遣劳动者
   D. 劳务派遣单位不得向被派遣劳动者收取费用
   E. 劳务派遣用工是我国企业基本用工形式

78. 下列属于劳动争议的有（　　）。
   A. 个体经济组织和与之建立劳动关系的劳动者因劳动权利义务产生分歧而引起的争议
   B. 事业单位与本单位实行聘用制的工作人员因劳动权利义务产生分歧而引起的争议
   C. 民办非企业单位和与之建立劳动关系的劳动者因劳动权利义务产生分歧而引起的争议
   D. 社会团体和与之建立劳动关系的劳动者因劳动权利义务产生分歧而引起的争议
   E. 国家机关与公务员之间产生的争议

79. 下列属于我国商业医疗保险险种的有（　　）。
   A. 职工大额医疗费用补助
   B. 伤残保险
   C. 基础医疗保险
   D. 工伤保险
   E. 与基本医疗保险衔接的大病保险

80. 劳动保障监察机构查处用人单位或劳动者的违法行为的程序有（　　）。
   A. 立案
   B. 告知
   C. 处理
   D. 归档
   E. 调查

三、**案例分析题**（共20题，每题2分。由单选和多选组成。错选，本题不得分；少选，所选的每个选项得0.5分）

（一）

某公司在北京成立分公司，王先生被聘为总经理，随着分公司的发展，王先生决定提拔一名经理辅助自己的工作，他对骨干员工进行了调查分析。

81. 员工小李在公司人缘特好，追求与大家友好相处，根据三重需要理论，小李属于

96. 可以使该公司的晋升体系更为有效的做法包括(　　)。
    A. 使多位候选人在晋升潜力和实力方面存在较为明显的差距
    B. 使候选人的现有薪酬和新职位的薪酬水平之间存在明显差距
    C. 尽可能确保在晋升决策中不掺杂实力以外的运气成分
    D. 不把候选人的直接上级的主观评价作为晋升决策的唯一依据

（五）

甲公司有职工500名。2019年公司生产经营发生重大困难，准备裁减人员，同年6月1日，甲公司向职工公布了裁减人员方案，并宣布一周后解除50名职工劳动合同。6月2日，甲公司将方案送给本公司工会征求意见。当地劳动行政部门指出，甲公司裁减人员方案没有向该部门报告，存在程序问题，公司工会也提出，公司应当在裁员前30日向工会说明情况。同时，公司工会反映，在收集职工意见时，职工表示，公司在既没有破产也没有转产的情况下，不应当实施裁员；还有职工表示希望公司遵守劳动合同法，优先留用签订较长期限劳动合同、无固定期限劳动合同、家庭无其他就业人员且有未成年人需要抚养和被评过先进的职工。

于是甲公司重新制定了裁员方案，在经过规定程序后公布的裁员方案中，将裁员被解除劳动合同职工的经济补偿金标准定为在本公司工作每满1年支付半个月工资。

97. 以下公司裁减人员的方案的说法，正确的是(　　)。
    A. 甲公司应当在裁减人员前30日向工会全体职工说明情况，听取工会或职工的意见
    B. 甲公司应当向当地劳动行政部门报告裁减人员方案后，再裁减人员
    C. 甲公司裁员人数未达到职工总人数的10%，可以随时实施裁员
    D. 甲公司裁减人员方案应当经当地劳动行政部门批准方能实施

98. 甲公司依法可以实施裁员的情形包括(　　)。
    A. 甲公司生产经营发生严重困难　　　B. 甲公司可能破产
    C. 甲公司决定转产　　　　　　　　　D. 甲公司富余的职工较多

99. 甲公司裁员时应优先留用的职工有(　　)。
    A. 与甲公司签订较长期限劳动合同的职工
    B. 与甲公司签订无固定期限劳动合同的职工
    C. 家庭无其他就业人员且有需要抚养未成年人的职工
    D. 曾被评为先进职工

100. 关于甲公司支付经济补偿，说法正确的是(　　)。
    A. 甲公司因生产经营严重困难实施裁员，可以不支付经济补偿金
    B. 甲公司应对支付的经济补偿标准为在本公司工作每满1年支付半个月工资
    C. 甲公司应对支付的经济补偿标准为在本公司工作每满1年支付1个月工资
    D. 甲公司应当按本地区上年度职工月平均工资3倍的标准支付经济补偿金

致亲爱的读者

"梦想成真"系列辅导丛书自出版以来,以严谨细致的专业内容和清晰简洁的编撰风格受到了广大读者的一致好评,但因水平和时间有限,书中难免会存在一些疏漏和错误。读者如有发现本书不足,可扫描"欢迎来找茬"二维码上传纠错信息,审核后每处错误奖励10元购课代金券。(多人反馈同一错误,只奖励首位反馈者。请关注"中华会计网校"微信公众号接收奖励通知。)

在此,诚恳地希望各位学员不吝批评指正,帮助我们不断提高完善。

邮箱:mxcc@cdeledu.com

微博:@正保文化

欢迎来找茬

中华会计网校
微信公众号